Glanzlichter & Schattenseiten

Liebe Leichtathletik-Fans,

die Saison 2015 war eine ganz besondere für die deutsche Leichtathletik. Unsere Nationalmannschaft hat sich bei den Weltmeisterschaften in Peking so erfolgreich präsentiert wie seit der Heim-WM 2009 in Berlin nicht mehr. Damals haben unsere Athleten neun Medaillen gewonnen, in Peking waren es acht. Und die junge Mannschaft hat ein ausgezeichnetes Potenzial, 30 der 66 DLV-Starter erreichten einen Finalplatz. Viele feierten neue Bestleistungen. Die Generalprobe für Olympia 2016 in Rio de Janeiro ist geglückt. Das macht Mut.

Besonders habe ich mich neben den beiden Goldmedaillen für Christina Schwanitz im Kugelstoßen und Katharina Molitor im Speerwerfen über unsere sensationellen Erfolge auf der Bahn gefreut: Wer hätte denn gedacht, dass Gesa Felicitas Krause schon in der Lage ist, im globalen Vergleich über 3000 Meter Hindernis auf Platz drei zu laufen? Noch überraschender war allerdings die Silbermedaille von Cindy Roleder über 100 Meter Hürden. Sie beweist, was mit richtigem, vielseitigem Training zu erreichen ist, seitdem sie vornehmlich für den Siebenkampf trainiert, aber auf der Hürdenstrecke die größten Erfolge feiert.

Die Saison 2015 hat aber auch gezeigt, dass unser Sport dunkle Seiten hat. Dennoch sehe ich in den Doping-Enthüllungen der Medien, die den Sommer 2015 fast genauso geprägt haben wie die Höhepunkte in Nürnberg, Peking und Berlin, nicht nur einen Schatten auf der Leichtathletik, sondern auch eine Chance. Sie können wirken wie ein reinigendes Gewitter, das die Dinge in Bewegung bringt.

Ich freue mich darüber, dass unsere – nicht von dem Dopingverdacht betroffenen – Athleten sich in diesem Sommer unmittelbar im Kampf gegen Doping engagiert haben und fordern, ihn auf internationaler Ebene noch zu intensivieren. Dies sehe ich gerade auch in der sehr professionellen Videobotschaft, die unsere Athleten an den Weltverband IAAF gesendet haben. Der Weltverband muss sein Engagement im Kampf gegen Doping noch weiter steigern und dafür Sorge tragen, dass eine glaubwürdige Dopingbekämpfung weltweit gewährleistet wird.

Dass die deutsche Leichtathletik dazu weniger beitragen kann als zuletzt, weil sie keinen Sitz mehr hat im höchsten IAAF-Gremium, dem Council, glaube ich nicht. Trotz meiner Enttäuschung, in Peking nicht gewählt worden zu sein, bin ich fest davon überzeugt, die deutschen und europäischen Interessen besser als zuletzt im Weltverband vertreten zu können. Mit dem neuen Präsidenten Sebastian Coe verbindet mich eine lange Freundschaft. Das ist eine ganz andere Situation als in der Ära Lamine Diack.

Jetzt wünsche ich Ihnen viel Spaß beim Lesen und Anschauen des großen Bildbandes, den der Deutsche Leichtathletik-Verband zur Saison 2015 herausgegeben hat. Spannende Texte und faszinierende Fotos lassen die größten Events von den Deutschen Hallenmeisterschaften in Karlsruhe, über die Hallen-Europameisterschaften in Prag, die Deutschen Meisterschaften in Nürnberg, die WM in Peking bis hin zu Berlin fliegt!, dem ISTAF und dem Marathon in Berlin noch einmal lebendig werden.

Eine spannende Lektüre wünscht Ihnen

Dr. Clemens Prokop
Präsident des Deutschen Leichtathletik-Verbands (DLV)

Die Richtung stimmt Dr. Clemens Prokop sieht die deutsche Leichtathletik auf einem guten Weg zu den Olympischen Spielen in Rio de Janeiro 2016

GERMANY
TOYOTA
SCHWANITZ
BEIJING 2015
56

96

GERMANY
TDK
FREIMUTH
BEIJING 2015
62

34

Malkus
106

DURCHGEDREHT

Nicht nur Mo Farah war nach seinem erneuten Double über 5000 und 10.000 Meter völlig aus dem Häuschen – seine Fans waren es auch! Und das zu Recht: In den letzten vier Jahren, also bei Olympia 2012 sowie den Weltmeisterschaften 2013 und 2015 hat er jeweils beide Langstrecken gewonnen. Und das mit einer beeindruckenden Überlegenheit. Diese Serie ist vor ihm niemandem gelungen, nicht einmal Haile Gebrselassie oder Kenenisa Bekele. Kein Wunder also, dass der 32-Jährige in Peking völlig aus dem Häuschen war und mit seinen Fans ausgelassen feierte.

BEAUTYQUEEN

Shelly-Ann Fraser-Pryce ist schnell. Verdammt schnell. Aber nicht nur das. Die Jamaikanerin beeindruckt auch jedes Jahr wieder durch neue auffällige Frisuren. „Ich bin ein laufender Garten“, sagte sie dieses Mal zu ihrer Haarpracht. Aber nicht nur damit fiel sie auf: Als erste Frau wurde sie zum dritten Mal – nach 2009 und 2013 – Weltmeisterin über 100 Meter. Außerdem gewann sie über diese Strecke auch bei Olympia 2008 und 2012. Vielleicht ist die Konkurrenz ja froh, dass die 28-Jährige wenigstens ein bisschen durch ihren nicht so windschnittigen Haarschmuck gebremst wird ...

FOTOMANIA

Dass die Chinesen Technik lieben, ist bekannt. Das zeigte sich auch wieder bei den Weltmeisterschaften in Peking, wo im Publikum fleißig geknipst wurde. Auch die Athleten ließen sich davon anstecken. Usain Bolt filmte nicht nur selbst mit einer kleinen Kamera seine eigene 100-Meter-Siegerehrung, sondern fotografierte auch die Ehrenrunde nach dem Staffelfinale. Dank Selfie-Stick passte er zusammen mit seinen Staffel-Kollegen Nesta Carter, Asafa Powell und Nickel Ashmeade auf das Bild.

MAICA
TDK
OLT
NG
TDK
RTER
NG 2015
BE

USA

LICHTGESTALT

Ashton Eaton ist nicht nur der beste Zehnkämpfer, den die Welt im Moment zu bieten hat, sondern einer der größten Leichtathleten aller Zeiten. Seit 2012 hat er auf Weltebene alles gewonnen, was es zu gewinnen gab: einmal Olympia und je zweimal WM und Hallen-WM. Die vier besten Hallen-Siebenkämpfe aller Zeiten gehen auf sein Konto, und auch die beiden besten Zehnkämpfe der Geschichte hat er absolviert. In Peking steigerte der 27-Jährige seinen eigenen Weltrekord auf 9045 Punkte und gewann mit dem größten Vorsprung der WM-Geschichte.

CHINA
TDK
ZH

FLUGOBJEKT

Soll es ein Kranich sein, den Hochspringer Zhang Guowei imitiert? Oder doch ein Storch? Beide Vögel sind nicht unbedingt für ihr ausgesprochenes Sprungvermögen bekannt – das der Chinese aber unbestritten hat. Mit einer Bestleistung von 2,38 Metern und der zweitbesten Vorleistung angereist, flog er auch in Peking auf den Silberrang. Zur Begeisterung der chinesischen Zuschauer, die ihn gerne auch auf dem Goldrang gesehen hätten. Dort landete aber der Kanadier Derek Drouin.

中华人民共和国
JAPAN
BEIJING 2015
TOYOTA
BALCIŪNAITĖ

SEHENSWERT

Die Marathonläuferinnen und -läufer hatten wahrscheinlich keinen Blick dafür, trotzdem war die Marathonstrecke der WM mehr als sehenswert. Gestartet wurde am Yongding-Tor, danach führte der Kurs vorbei an Sehenswürdigkeiten wie dem Himmelstempel, der Verbotenen Stadt (Foto), dem Chinesischen Staatsmuseum oder dem alten Stadttor Zhengyangmen bis zum Ziel im Olympiastadion.

ENGELSGLEICH

So feierte die russische Hochspringerin Mariya Kuchina ihren ersten großen Titel im Freien. Im vergangenen Jahr war sie bereits Hallen-Weltmeisterin, in diesem Winter holte sie sich den Hallen-Titel Europas. Ihre Bestleistung schraubte sie in diesem Sommer auf 2,01 Meter – und das alles mit gerade einmal 22 Jahren. In Peking besiegte sie so namhafte Konkurrenz wie Doppel-Weltmeisterin Blanka Vlasic, Olympiasiegerin Anna Chicherova, Hallen-Weltmeisterin Kamila Licwinko und die zweimalige Europameisterin Ruth Beitia.

RUSSIA
TOYOTA
KUCHINA
BEIJING 2015

RÜCKSCHLAG

Es war schon fast zu schön, um wahr zu sein: Im Mai 2013 brachte Speerwerferin Barbora Spotakova ihren Sohn Janek zur Welt, im August 2014 war die Weltrekordlerin schon wieder Europameisterin. Auch in diesem Jahr feierte die Tschechin einige Siege – allerdings war die 34-Jährige bei der WM in Peking weit entfernt von ihrer Top-Form und Bestweite: Mit 60,08 Metern blieb sie nicht nur 12,20 Meter hinter ihrem Weltrekord zurück, sondern verpasste als Neunte sogar den Endkampf der besten Acht.

Zwischen Stolpern und Höhenflug

GROSSE DLV-ERFOLGE, DUNKLE DOPING-SCHATTEN:
Die deutsche Leichtathletik kann zufrieden auf die Saison 2015 zurückblicken. Acht Medaillen bei den Weltmeisterschaften in Peking und erfolgreiche neue Veranstaltungskonzepte wie Berlin fliegt! und die Deutschen Weitsprung-Meisterschaften in der Nürnberger Innenstadt lassen den DLV gut dastehen. Er muss allerdings auch gegen den General-Doping-Verdacht kämpfen, der seit dem Sommer 2015 auf der gesamten Weltklasse-Leichtathletik lastet. Wir blicken von Tag zu Tag auf eine aufregende Saison zurück.

14. Januar: Die „Leichtathleten des Jahres" 2014 stehen fest. Hindernisläuferin Antje Möldner-Schmidt und Diskuswerfer Robert Harting sind die Gewinner der Wahl der Zeitschrift „Leichtathletik", des Internet-Portals leichtathletik.de und der Fördergemeinschaft „Freunde der Leichtathletik". Der Olympiasieger und dreimalige Weltmeister Harting aus Berlin hatte bei der EM in Zürich ebenso Gold gewonnen wie Möldner-Schmidt. Der überraschende Triumph der 30-Jährigen aus Cottbus sorgte auch für Schlagzeilen, da sie 2010 an Lymphdrüsenkrebs erkrankt war.

29. Januar: Arne Gabius löscht beim Düsseldorfer Meeting den knapp 20 Jahre alten deutschen Hallenrekord über 5000 Meter aus. Der Hamburger siegt in 13:27,53 Minuten und bleibt 2,22 Sekunden unter der Bestzeit des 2011 gestorbenen Stephane Franke vom 4. März 1995 in Sindelfingen.

22. Februar: Deutsche Hallen-Meisterschaften in einer Messehalle. Das Konzept geht in Karlsruhe auf. Und Kugelstoß-Ass David Storl sorgt beim Comeback gleich für das Highlight. 156 Tage nach seiner Knie-Operation düpierte der 24-Jährige mit 21,26 Metern die Konkurrenz. Der spätere WM-Zweite Raphael Holzdeppe präsentiert sich da indes noch völlig verunsichert mit einem Salto Nullo im Stabhochsprung.

8. März: Die Hallen-EM in Prag geht mit sechs Medaillen für das 39-köpfige DLV-Team zu Ende. Das einzige Gold zum Auftakt durch Kugelstoß-Weltmeister David Storl krönt die deutsche Vorstellung. Silber erkämpfen Sprinter Christian Blum, Weitspringerin Sosthene Moguenara und Siebenkämpfer Arthur Abele. Als Dritte über 60 Meter schaffen am Schlusstag zudem Verena Sailer und Julian Reus den Sprung aufs Podest.

21. März: Thomas Schmitt wuchtet in Übach-Palenberg eine Kugel 21,35 Meter weit und ist mit dieser Weite in den Bestenlisten notiert. Da sein nächstbestes Resultat bei 19,07 Metern liegt, ist der Verdacht naheliegend, dass mit der Wahnsinnsweite irgendetwas nicht stimmt.

20. Mai: Peking ist ein gutes Pflaster für Christina Schwanitz: Beim World Challenge-Meeting stößt sie an dem Ort, wo sie später Weltmeisterin werden sollte, mit 20,77 Metern persönliche Bestleistung.

31. Mai: Triumph für Kai Kazmirek: Der EM-Sechste von der LG Rhein-Wied gewinnt mit 8462 Punkten den Zehnkampf von Götzis vor Michael Schrader vom SC Hessen Dreieich (8415).

21. Juni: Deutschland kann seinen 2014 in Braunschweig gewonnenen Titel bei der Team-EM nicht verteidigen. In Cheboksary unterliegt die Manschaft Gastgeber Russland mit 22 Punkten Rückstand.

4. Juli: Beim Diamond League-Meeting in Paris besiegt Christina Schwanitz zum ersten Mal Valerie Adams. Für die Kugelstoßerin aus Neuseeland endet damit eine gewaltige Serie von 56 Siegen in Folge.

24. Juli: Die Weitsprung-Wettbewerbe am Vorabend der Deutschen Meisterschaften begeistern auf dem Nürnberger Hauptmarkt über 4000 Zuschauer. Der weiteste Satz gelingt Prothesen-Weitspringer Markus Rehm mit 8,11 Metern – allerdings außerhalb der Wertung. Meister wird der Tübinger Fabian Heinle mit 8,03 Metern. Bei den Frauen gewinnt Lena Malkus aus Münster mit 6,74 Metern.

25. Juli: Am ersten Tag der Deutschen Meisterschaften in Nürnberg glänzen die Sprinter. Julian Reus macht in 10,12 Sekunden den Titel-Hattrick perfekt und verpasst seinen deutschen Rekord im Vorlauf nur um vier Hundertstel. Verena Sailer gewinnt in starken 11,16 Sekunden.

26. Juli: Stabhochspringer Raphael Holzdeppe sorgt für den Höhepunkt am zweiten Tag der Deutschen Meisterschaften in Nürnberg, indem er über 5,94 Meter springt und und nur knapp am deutschen Rekord von 6,02 Metern scheitert.

30. Juli: Stabhochsprung-Schock: Österreichs Hoffnung Kira Grünberg verunglückt im Training schwer. Bei einem Sturz bricht ihre Halswirbelsäule, und die 21-Jährige ist querschnittsgelähmt.

1. August: Die ARD sendet die Dokumentation „Geheimsache Doping: Im Schattenreich der Leichtathletik". Darin wird dem Weltverband IAAF vorgeworfen, eine große Zahl von Leichtathleten mit dopingverdächtigen Blutwerten nicht sanktioniert zu haben. Die ARD und die „Sunday Times" haben eine Liste mit 12.000 Bluttests von rund 5000 Läufern ausgewertet. Sie stammen nach ARD-Angaben aus der IAAF-Datenbank. Darunter sollen 800 Sportler mit dopingverdächtigen Werten sein, die von 2001 bis 2012 bei Olympischen Spielen und Weltmeisterschaften in den Disziplinen von 800 Meter bis zum Marathon gestartet sind. Ein Großteil dieser Athleten, darunter angeblich 146 olympische Medaillengewinner und Weltmeister, sei dafür nicht belangt worden. Damit kommt eine riesige Diskussion um das Thema Doping in der Leichtathletik ins Rollen, die bis heute anhält.

Team-EM in Cheboksary – Endstand

		Punkte
1.	Russland	368,5
2.	Deutschland	346,5
3.	Frankreich	319,5
4.	Polen	317
5.	Großbritannien	291
6.	Italien	288
7.	Ukraine	281,5
8.	Spanien	230,5
9.	Weißrussland	217
10.	Schweden	187
11.	Finnland	149,5
12.	Norwegen	121

5. August: Der stellvertretende IAAF-Chef Sebastian Coe reagiert mit scharfen Angriffen auf die Doping-Enthüllungen. Der frühere Weltklasse-Läufer nennt die Recherchen der ARD und der britischen Zeitung „Sunday Times" eine „Kriegserklärung an meinen Sport. Es gibt nichts in der Geschichte und Integrität unseres Anti-Doping-Kampfes, das solch eine Attacke rechtfertigt. Wir sollten uns davor nicht wegducken. Wir sollten herausgehen und kämpfen", sagt Coe.

10. August: Robert Harting attackiert mit anderen deutschen Leichtathleten in einem YouTube-Video den Weltverband IAAF. Mit Aussagen wie „Wir können euch nicht mehr trauen" oder „Ihr zerstört unseren Sport" protestieren die Athleten um den Diskus-Olympiasieger massiv gegen den Umgang der IAAF mit den Doping-Enthüllungen in ihrem Sport.

11. August: Diskus-Champion Robert Harting muss die Hoffnung auf eine Titelverteidigung in Peking aufgeben. Nach seinem Kreuzbandriss ist er noch nicht wieder konkurrenzfähig und konzentriert sich ab sofort voll auf Olympia in Rio 2016.

19. August: Nach 16 Jahren endet die Ära Lamine Diack. Der Brite Sebastian Coe wird vom IAAF-Kongress zum Nachfolger des Senegalesen gewählt. Der ehemalige Mittelstreckler setzt sich im Duell der Ex-Weltrekordler und Olympiasieger gegen Stabhochsprung-Legende Sergej Bubka durch. Seine Hauptaufgabe als IAAF-Präsident wird die Bekämpfung des Dopings sein. DLV-Präsident Clemens Prokop verpasst den Einzug ins IAAF-Council, Deutschland ist im höchsten Gremium des Weltverbandes nicht mehr vertreten.

22. August: Traumstart für den DLV in die Weltmeisterschaft von Peking: Christina Schwanitz hält dem Druck stand, dem sie als Favoritin ausgesetzt ist, und holt Gold.

23. August: Doppel-Weltmeister David Storl verpasst das Titel-Triple im Kugelstoßen. Der US-Amerikaner Joe Kovacs schnappt ihm Gold weg, aber mit 21,74 Metern rettet Storl Silber.

24. August: Das Comeback des Jahres: Nach einem völlig verkorksten Jahr 2014 kann Raphael Holzdeppe zwar seinen WM-Titel von 2013 nicht verteidigen, gewinnt aber Silber.

25. August: Jeden Tag eine deutsche Medaille – die WM in Peking läuft weiter gut. Nadine Müller holt Bronze mit dem Diskus.

26. August: Fast wäre es Gold gewesen. Gesa Felicitas Krause liegt auf der Zielgeraden des 3000-Meter-Hindernis-Finales von Zürich lange ganz vorn. Am Ende feiert sie Bronze. Eine Sensation.

28. August: Cindy Roleder gelingt in Peking ein Traumlauf über 100 Meter Hürden: 12,59 Sekunden und WM-Silber. Noch eine Sensation.

29. August: Ashton Eaton verbessert den Weltrekord im Zehnkampf auf 9045 Punkte. Rico Freimuth rettet seine Bronzemedaille ins Ziel des abschließenden 1500-Meter-Laufes bei der WM in Peking.

30. August: Mit dem allerletzten Wurf eines verrückten WM-Finales holt Katharina Molitor Gold im Speerwerfen.

1. September: Nur wenige Tage nach seiner Bronzemedaille bei der WM in Moskau wird 110-Meter-Hürden-Weltrekordler Aries Merritt eine neue Niere eingesetzt. Er litt an einer genetischen Störung, die eine schwere Nieren-Insuffizienz verursacht. Schon kurz nach der Transplantation plant der 30-Jährige wieder für Olympia 2016 in Rio.

5. September: Gastgeber Deutschland gewinnt souverän den Länderkampf „Berlin fliegt!" vor dem Brandenburger Tor.

6. September: Beim ISTAF in Berlin feiern Kugelstoßerin Christina Schwanitz und Hammerwerferin Kathrin Klaas umjubelte Heimsiege. Ex-Europameisterin Verena Sailer läuft ihr letztes Rennen über 100 Meter. Sie beendet ihre Karriere, um sich künftig auf Studium und Beruf zu konzentrieren.

WM in Peking: Die deutschen Medaillengewinner

GOLD		
Christina Schwanitz (LV 90 Erzgebirge)	Kugelstoßen	20,37 Meter
Katharina Molitor (TSV Bayer 04 Leverkusen)	Speerwurf	67,69 Meter
SILBER		
Raphael Hozdeppe (LAZ Zweibrücken)	Stabhochsprung	5,90 Meter
David Storl (SC DHfK Leipzig)	Kugelstoßen	21,74 Meter
Cindy Roleder (SC DHfK Leipzig)	100 Meter Hürden	12,59 Sekunden
BRONZE		
Rico Freimuth (SV Halle)	Zehnkampf	8561 Punkte
Gesa Felicitas Krause (LG Eintracht Frankfurt)	3000 Meter Hindernis	9:19,25 Minuten
Nadine Müller (SC DHfK Leipzig)	Diskuswurf	65,53 Meter

Hoffnungsträger
Vom neuen IAAF-Präsidenten Sebastian Coe wird erwartet, dass er den Kampf gegen Doping intensiviert und mit innovativen Veranstaltungskonzepten der Leichtathletik neue Impulse gibt

Hallen-EM in Prag: Die deutschen Medaillengewinner

GOLD

David Storl (SC DHfK Leipzig)	Kugelstoßen	21,23 Meter

SILBER

Christian Blum (TV Wattenscheid 01)	60 Meter	6,58 Sekunden
Sosthene Moguenara (TV Wattenscheid 01)	Weitsprung	6,83 Meter
Arthur Abele (SSV Ulm 1846)	Siebenkampf	6279 Punkte

BRONZE

Julian Reus (TV Wattenscheid 01)	60 Meter	6,60 Sekunden
Verena Sailer (MTG Mannheim)	60 Meter	7,09 Sekunden

11. September: Christina Schwanitz sichert sich in Brüssel nach dem WM-Gold auch den Diamond League-Gesamtsieg im Kugelstoßen. Das gelang vor ihr nur vier anderen deutschen Athleten, drei davon mit dem Speer: Christina Obergföll siegte 2011 und 2013, Matthias de Zordo 2011 und Thomas Röhler 2014. Silke Spiegelburg gewann von 2011 bis 2013 dreimal in Folge im Stabhochsprung.

22. September: Sechs russische Spitzengeher werden wegen Dopings gesperrt. Unter ihnen Elmira Alembekova, die 20-Kilometer-Europameisterin von 2014 in Zürich, und Mikhail Ryzhov, der WM-Zweite im 50-Kilometer-Gehen bei der WM 2013 in Moskau.

27. September: Mehr als 41.000 Läufer sind zum 42. BMW Berlin-Marathon angemeldet. Der Schnellste ist Eliud Kipchoge. Der Kenianer gewinnt in 2:04:00 Stunden, obwohl während des Rennens an beiden Schuhe die Einlegesohlen rausrutschen. Im Frauenrennen ist die Kenianerin Gladys Cherono in 2:19:25 Stunden vorn. Philipp Pflieger läuft als 16. in 2:12:50 Stunden die drittschnellste Marathon-Zeit eines Deutschen in diesem Jahrtausend. Schneller waren nur Arne Gabius in 2:09:32 Stunden 2014 in Frankfurt und Michael Fietz in 2:11:28 Stunden im Jahr 2000 in Rotterdam.

Weltmeisterschaften in Peking – Nationenwertung

		Gold	Silber	Bronze	4	5	6	7	8	Punkte
1	USA	6	6	6	7	6	5	4	6	214
2	Kenia	7	6	3	5	5	1	3	3	173
3	Jamaika	7	2	3	3	3	2	4	3	132
4	Deutschland	2	3	3	3	3	6	5	3	113
5	Großbritannien	4	1	2	2	6	2	1	1	94
5	China	1	7	1	1	5	1	1	1	94
7	Äthiopien	3	3	2	3	0	2	2	1	83
8	Polen	3	1	4	1	0	1	2	1	68
9	Kanada	2	3	3	1	0	1	0	2	65
10	Russland	2	1	1	2	3	1	2	2	60
11	Frankreich	0	0	2	1	3	2	2	3	42
12	Kuba	2	1	0	1	0	0	1	0	30
13	Ukraine	0	1	1	1	0	3	1	0	29
14	Niederlande	1	1	1	1	0	0	0	2	28
15	Südafrika	1	0	2	0	0	0	1	0	22
15	Trinidad & Tobago	0	1	1	0	1	1	1	0	22
17	Weißrussland	1	0	1	0	0	1	1	1	20
18	Australien	0	2	0	0	0	1	0	2	19
19	Bahamas	0	1	1	0	0	1	0	0	16
20	Marokko	0	0	1	1	0	0	2	0	15

Ein Fest im Vogelnest

WELTMEISTERSCHAFTEN IN PEKING:
Platz vier in der Nationenwertung und mehr Medaillen als noch vor zwei Jahren bei der WM in Moskau – die deutsche Nationalmannschaft ist bereit für Olympia im nächsten Jahr in Rio de Janeiro.

Drei, die gut lachen haben
Es reichte für Thomas Röhler, Andreas Hofmann und Johannes Vetter (von links) im Speerwurf zwar „nur" zu Platz vier, sechs und sieben – allerdings warf das Trio bei einem Wettkampf mit hohem Niveau absolute Weltklasse-Weiten

Auf diese Bilanz hatte sich der deutsche Cheftrainer richtig gefreut. „Wir haben hier tolle Tage erlebt", sagte Idriss Gonschinska am letzten Wettkampftag stolz nach dem erfolgreichen Abschneiden bei den 15. Weltmeisterschaften in Peking. Mit 113 Punkten in der Nationenwertung der Ränge eins bis acht erkämpften die Sportler des Deutschen Leichtathletik-Verbandes (DLV) den vierten Platz und mehr Zähler als bei den Olympischen Spielen 2012 in London. Insgesamt erreichten 30 der 66 DLV-Starter einen Finalplatz und gewannen acht Medaillen. Bei der WM 2013 in Moskau waren es sieben Edelplaketten.

„Diese junge Mannschaft hat ein ausgezeichnetes Potenzial", resümierte DLV-Präsident Clemens Prokop. „Die Generalprobe für Olympia 2016 in Rio de Janeiro ist geglückt." Bemerkenswert daran ist: Das deutsche Team hat sich einem weltweit immer härteren Konkurrenzkampf – die Finalisten in den 47 Disziplinen kamen aus rund 70 Ländern, von denen 30 Medaillen holten – und einer offenbar unverminderten Doping-Bereitschaft bewährt.

Der Chefcoach sprach von einer „Wettbewerbsspirale, die immer enger wird". Medaillen hätten deshalb einen besonderen Wert. Dies gilt besonders für die Titelgewinner Christina Schwanitz (Kugel) und Katharina Molitor (Speer), die am ersten und letzten WM-Tag Gold holten. Silber gewannen David Storl (Kugel), Raphael Holzdeppe (Stabhoch), und Cindy Roleder (Hürdensprint). Nadine Müller (Diskus), Gesa Felicitas Krause (3000 Meter Hindernis) und Rico Freimuth (Zehnkampf) sicherten sich Bronze.

Viele positive Überraschungen

„Es gab sehr wenige Enttäuschungen, dagegen viele positive Überraschungen", befand Prokop. „Unter diese Überschrift fallen vor allem die beiden fast schon historisch zu bezeichnenden Medaillen im Laufbereich." Tatsächlich hatte kaum jemand die Medaillen von Krause und Roleder vorher auf dem Zettel. „Das ist sicherlich ein Signal an die Laufszene in Deutschland", sagte Gonschinska.

Wie schwierig es geworden ist, auf einen Medaillenrang zu kommen, illustriert das Beispiel des Doppel-Weltmei-

sters David Storl. Im Kugelstoß-Finale lag er vor dem vierten Versuch nicht nur hinter einem Amerikaner, sondern auch hinter einem Jamaikaner und Neuseeländer. Storl wurde aber noch Zweiter. Gonschinska hob zudem die Hochsprung-Sechste Marie-Laurence Jungfleisch noch hervor: „Mit 1,99 Metern kann man auch auf dem Podium stehen."

Dennoch glaubt der Bundestrainer, dass die deutsche Leichtathletik den Herausforderungen mit Blick auf die Sommerspiele in Rio gewachsen ist. „Wir sind darauf eingestellt, dass die Wettbewerbsdichte zunimmt", sagte Gonschinska. Er betonte erneut, dass er die alleinige Fixierung auf Medaillen für falsch hält. „Wer immer nur auf die Medaillen schaut, wird der Leistungsentwicklung und auch dem großen Aufwand eines Athleten nicht gerecht."

Russland stürzt ab

Erstmals in der WM-Geschichte eroberte Kenia mit 16 Edelplaketten (7 Gold/6 Silber/3 Bronze) den Top-Platz in der Medaillenwertung vor Jamaika (7/2/3) und den USA (6/6/6). Kenia sorgte aber auch für zwei Doping-Fälle. Zwei 400-Meter-Läuferinnen wurden in Peking vor ihren WM-Rennen positiv getestet. Das von Betrugs-Vorwürfen erschütterte Russland stürzte bei der WM ab: 2013 in Moskau gab es 17 Medaillen, in Peking nur noch vier.

Jamaika triumphierte vor allem dank Superstar Usain Bolt, der nach weiteren drei Titeln nun insgesamt elf Goldmedaillen in seiner Schatzkiste liegen hat und damit zum erfolgreichsten Athleten der WM-Geschichte wurde.

Eine spektakuläre WM-Premiere als Sprinterin feierte die Niederländerin Dafne Schippers als Zweite über 100 Meter und Weltmeisterin über 200 Meter in Europarekordzeit von 21,63 Sekunden. Schneller liefen nur die einst unter Doping-Verdacht stehende Weltrekordlerin Florence Griffith-Joyner und die des Doping überführte Marion Jones (beide USA). „Wenn über 200 Meter der Frauen die Siegerleistung eine Top-Drei-Platzierung in der ewigen Weltbestenliste einnimmt, dann läuft der Verdacht mit", sagte DLV-Sportdirektor Thomas Kurschilgen.

Im deutschen Sprint geht wieder was
Nicht nur die DLV-Staffel überzeugten mit Platz vier (Männer) und fünf (Frauen), auch Julian Reus zeigte im Einzel gute Rennen. Über 100 Meter lief er als erster Deutscher seit 1983 in ein WM-Halbfinale

Kenia ist die Nummer eins
Kenia führte erstmals den Medaillenspiegel mit 16 Medaillen an, davon sieben Goldene. Auch dank des Sieges von Nicholas Bett über 400 Meter Hürden

Sechste mit Top-Höhe
Hochspringerin Marie-Laurence Jungfleisch steigerte sich um zwei Zentimeter auf 1,99 Meter und wurde damit Sechste. Vor zwei Jahren hatten noch 1,97 Meter zu Bronze gereicht

Die Spielverderberin

SPEERWURF: *Mit dem allerletzten Wurf eines verrückten Finales hat Katharina Molitor noch WM-Gold gewonnen. Damit gingen drei der letzten vier WM-Titel nach Deutschland. 2009 gewann Steffi Nerius, 2013 glückte das Christina Obergföll. Tränen flossen bei der Chinesin Lyu Huihui, der Gold noch entrissen wurde.*

Der Speer flog eine halbe Ewigkeit durch die Luft, dann hatte Katharina Molitor mit dem letzten Versuch alle übertrumpft. Die 31 Jahre alte Leverkusenerin landete bei den Leichtathletik-Titelkämpfen in Peking den größten Coup ihrer Karriere und löste Christina Obergföll als Speerwurf-Weltmeisterin ab. Eine der ersten Gratulantinnen war die Titelverteidigerin aus Offenburg, die als Vierte diesmal leer ausging, sich aber überschwänglich mit Molitor freute.

Lob von Christina Obergföll

Molitor warf den Speer als letzte Starterin mit ihrem letzten Versuch auf 67,69 Meter hinaus. Sie übertrumpfte damit noch die Chinesin Lyu Huihui (66,13 m). Bronze ging an die Südafrikanerin Sunette Viljoen (65,79 m). Obergföll zeigte 14 Monate nach der Geburt ihres Sohnes Marlon mit 64,61 Metern eine persönliche Saisonbestweite, für eine Medaille reichte es nicht. Sie hatte schon im Vorfeld der WM immer wieder betont, dass nach ihrer letztjährigen Auszeit eine Me-

„Ich weiß auch nicht, was da gerade passiert ist.“

Dass seine Athletin Katharina Molitor einiges drauf hat, das wusste Trainer Helge Zöllkau. Die neue Bestleistung und die Goldmedaille überraschten dann allerdings sogar den erfahrenen Coach

Freud und Leid ...
... lagen beim Speerwurffinale der Frauen so eng zusammen. Während sich die Chinesin Lyu Huihiu schon als Siegerin wähnte und für die Goldfeier bereithielt, schnappte ihr Katharina Molitor im allerletzten Versuch der Konkurrenz noch den ersten Platz weg. Molitor feierte ausgelassen, Lyu war zu Tode betrübt, auch Silber konnte sie nicht trösten

daille „vermessen" wäre. „Ich bin zufrieden, nach der Saison! Ich bin als 15. der Welt angereist und reise als Vierte ab", zog sie ein zufriedenes Fazit und zeigte sich als gute Verliererin: „Ich freue mich für Katharina, das war ein super Ding! Dass der Wurf gut war, hat man sofort gesehen. Sie hat einen unheimlich guten Armzug. Wenn sie es schafft, flüssig aus den Beinen zu arbeiten, kommt ihr Arm voll auf das Gerät."

Dritte deutsche Weltmeisterin

Für Molitor war es nicht nur der erste internationale Titel, sondern auch die erste Medaille auf großer Bühne. Sie ist damit die dritte deutsche Weltmeisterin in dieser Disziplin nach ihrer Clubkollegin Steffi Nerius (2009 in Berlin) und Obergföll (2013 in Moskau).

Olympiasiegerin und Weltrekordlerin Barbora Spotakova aus Tschechien, die im vergangenen Jahr nach ihrer Babypause gleich wieder Europameisterin geworden war, hatte mit 60,08 Metern überraschend den Endkampf der besten Acht verpasst. Christin Hussong (Zweibrücken) wurde bei ihrem WM-Debüt Sechste, Ex-Europameisterin Linda Stahl (Leverkusen) Zehnte.

In einem unterhaltsamen Finale kamen die Teilnehmerinnen alle zunächst schwer in Schwung, dann gab es immer wieder Führungswechsel. Und am Ende packte Molitor noch einmal einen aus. „Ich weiß auch nicht, was da gerade passiert ist. 67,69 Meter – das ist saustark. Wir haben seit dem letzten Jahr die Technik umgestellt. So wie sie früher geworfen hat. Das hat geklappt, das ist super", sagte im ZDF ihr Trainer Helge Zöllkau, der vor fünf Jahren Stahl zur Europameisterin gemacht hatte.

Alte Technik, neue Stärke

Mit alter Technik zu neuer Stärke: Ihre Bestmarke (66,40 m) überbot sie gleich um mehr als einen Meter. Vor diesem Jahr hatte ihr Hausrekord sogar nur bei 64,67 Metern gelegen.

Keinesfalls erfreut war die Chinesin Lyu Huihui über diese Leistungsexplosion der Deutschen. Die 26-Jährige hatte sich selbst um einen guten Meter verbessert und mit 66,13 Metern einen neuen Asienrekord aufgestellt. Sie sah schon wie die sichere Siegerin aus, das Publikum machte sich schon bereit für die Gold-Feier. Doch dann kam Katharina Molitor mit ihrem letzten Versuch, und der Traum war geplatzt. „Es war in der Saison schon oft so, dass ich im letzten Versuch am weitesten geworfen habe. Da legt man noch mal alles rein und guckt, was dabei rauskommt", erzählte Molitor später. Dass ihr das so gut gelingen würde, damit hatte sie aber selbst nicht gerechnet. „Im Vorfeld habe ich vielleicht von einer Medaille geträumt – aber dass es Gold wird, hätte ich niemals gedacht."

Danach war sie so verdattert, dass sie nicht einmal eine Ehrenrunde drehte: „Es kam alles so überraschend. Da habe ich vorher nicht drüber nachgedacht, was ich danach mache." Jahrelang schwamm Molitor in der Spitzenklasse mit. Erst jetzt platzte der Knoten bei der vielseitigen Sportlerin, die für Leverkusen auch noch in der 2. Bundesliga Volleyball spielt. Und Olympia 2016, geht da nochmal was? „Warum nicht? Steffi ist mit 37 Weltmeisterin geworden", sagt ihr Coach Helge Zöllkau.

Die letzte Chance

Es war nicht nur Katharina Molitors letzter Versuch, sondern der finale Wurf der gesamten Konkurrenz. Molitor schaffte es, sich so zu konzentrieren, dass sie all ihr Können in den letzten Versuch legte, der zum Goldwurf wurde

Die alte und die neue Weltmeisterin
Christina Obergföll (links) wurde von Katharina Molitor als Weltmeisterin abgelöst. Die Offenburgerin freute sich aber mit ihrer Nachfolgerin

„Ich hätte niemals gedacht, dass ich Gold gewinne."

Eine Medaille hatte Katharina Molitor sich zugetraut – allerdings nicht unbedingt die Goldmedaille

MONDO

Eine glatte Eins

STABHOCHSPRUNG: *Als Weltmeister wurde Raphael Holzdeppe entthront. Silber feierte er nach Verletzungs- und Formproblemen aber fast so wie den Titel vor zwei Jahren. Dramatisch endete der Wettkampf für Olympiasieger und Weltrekordler Renaud Lavillenie, dem es wieder nicht gelang, Weltmeister zu werden.*

Da saßen sie nun zusammen bei der Pressekonferenz zu einem völlig verrückten Stabhochsprung-Finale. Ganz links der Deutsche, der gerade seinen WM-Titel verloren, aber Silber gewonnen hatte. Daneben der neue Weltmeister, den bislang kaum jemand kannte. Und ganz rechts auch noch der große Favorit, der in seiner Karriere schon Olympiasieger und Europameister geworden ist, aber seit Jahren bei jeder Weltmeisterschaft scheitert.

55.000 Zuschauer konnten an diesem Montagabend im „Vogelnest" von Peking noch einmal bestaunen, was für eine unberechenbare Disziplin dieser Stabhochsprung ist. Was dieser Wettkampf jetzt für die Olympischen Spiele in Rio bedeuten würde, wurde der entthronte Weltmeister Raphael Holzdeppe gefragt. Und der 25-Jährige sagte: „Ich kann Olympiasieger werden mit 5,90 oder nur Dritter werden mit 6,00 Metern." In diesem Sport sei „immer alles möglich".

Schwung für Olympia

Holzdeppe war bei dieser Leichtathletik-WM der einzige unter den Top-Springern, der am Ende genau dort landete, wo er hinwollte. Von der Titelverteidigung auszugehen, wäre vermessen gewesen nach seinen großen Form- und Verletzungsproblemen im vergangenen Jahr. So legte er sich in Peking eine Deutschland-Fahne über die Schulter, ging völlig erschöpft eine Ehrenrunde und sagte dann: „Ich gebe diesem Jahr eine glatte Eins. Ich habe im Juli mit 5,94 Metern eine persönliche Bestleistung geschafft und jetzt die Silbermedaille gewonnen. Alles, was in diesem Jahr gut gelaufen ist, kann ich jetzt als Schwung mitnehmen in das nächste."

Neben ihm saß der neue Weltmeister und wirkte nicht einmal halb so euphorisiert. Der erst 21 Jahre alte Shawn Barber aus Kanada war schon während des Wettkampfs der mit Abstand coolste Springer gewesen, als einziger leistete er sich bis zur Siegeshöhe von 5,90 Metern keinen Fehlversuch. Doch spätestens bei der Pressekonferenz schien ihm langsam zu dämmern, was er gerade erreicht hatte. „Ich bin Student", sagte Barber. „Ich werde in den nächsten Wochen mal drüber nachdenken, wie es jetzt mit der Uni weitergeht."

Zwei Überflieger
Weltrekordler Renaud Lavillenie und Ex-Weltmeister Raphael Holzdeppe beobachten in stiller Eintracht während des WM-Finals die Sprünge der Konkurrenz

Stetige Steigerung

Barber ist in den USA aufgewachsen. Für Kanada springt er nur, weil das sein Vater und Trainer früher schon tat. Der nahm als Stabhochspringer 1983 an der ersten Leichtathletik-WM teil. George Barber wurde damals, als Sergey Bubka mit 5,70 Metern gewann, ohne gültigen Versuch Letzter. Sein Sohn hatte sich in den vergangenen Monaten stetig bis auf 5,93 Meter gesteigert und durch Siege bei kleineren Meetings wie in Leverkusen oder Jockgrim auch immer mehr Selbstvertrauen geholt. Trotzdem war Barber von seinem großen Erfolg genauso „überrascht“ wie alle anderen. „Jetzt kommt es darauf an, gesund zu bleiben, mich weiter zu verbessern und vor allem weiter Spaß zu haben“, sagte er. Der neue Weltmeister ist vorgewarnt: Die Titelträger von 2009 (Steve Hooker) und 2011 (Pawel Wojciechowski) waren danach nie wieder so gut wie am Abend ihres Triumphs.

Vom Kopf ausgebremst

Für Renaud Lavillenie muss das alles wie Hohn klingen. Der Olympiasieger aus Frankreich ist seit Jahren der mit Abstand beste und konstanteste Springer – aber er schafft es einfach nicht, den noch fehlenden WM-Titel zu holen. „Dann muss ich eben noch mal zwei Jahre warten“, sagte der 28-Jährige tief enttäuscht. Was diesmal schief lief? „Er hat souverän angefangen, aber irgendwann beginnt dann der Kopf einzusetzen“, meinte Holzdeppe. Diesmal waren sich sogar seine Konkurrenten sicher, dass es Lavillenie schaffen würde. „Er ist der Beste, den es in unserem Sport jemals gegeben hat“, sagte der Siebtplatzierte Tobias Scherbarth.

Eine Woche später stand Lavillenie wieder am Ablauf – und gewann. Bei einem Benefizspringen für Kira Grünberg in Salzburg meisterte er 5,93 Meter und sprang fast einen halben Meter höher als die Konkurrenz. Die junge Österreicherin hatte drei Wochen vor der WM einen schweren Trainingsunfall, seitdem ist sie querschnittsgelähmt. Lavillenie hatte seine Teilnahme von sich aus angeboten, als einziger der Weltklasse-Springer. Es gibt sehr viel Schlimmeres, als niemals Weltmeister zu werden.

„Ich kann Olympiasieger werden mit 5,90 oder nur Dritter mit 6,00 Metern.“

Raphael Holzdeppe über die Unberechenbarkeit des Stabhochsprungs

GERMANY

Wegen Überfüllung geschlossen ...
... musste fast bei der Siegerehrung gemeldet werden. Neben Gold für Shawn Barber (2. v. li.) und Silber für Raphael Holzdeppe (li.) gab es dreimal Bronze: für Renaud Lavillenie (Mitte) sowie die beiden Polen Piotr Lisek (2. v. re.) und Ex-Weltmeister Pawel Wojciechowski (re.)

Vater des Erfolgs
Raphael Hozdeppe bedankt sich bei seinem Trainer Andrei Tivontchik, zu dem er nach zwei Jahren in München Ende 2014 zurückgekehrt war

Abgestürzt
6,05 Meter war Renaud Lavillenie vor der WM schon gesprungen. In Peking reichte es im Finale nur zu 5,80 Metern – und damit wieder einmal nicht zum Sieg

„Dann muss ich eben noch mal zwei Jahre warten."

Renaud Lavillenie über die Tatsache, dass er zwar den Weltrekord hat sowie Olympiasieger und Europameister ist, aber bei Weltmeisterschaften immer scheitert

TOYOTA
ROLEDER
BEIJING 2015

Perfektes Rennen

100 Meter Hürden: *Seit zwei Jahren trainiert Cindy Roleder als Mehrkämpferin – und ist seitdem über die Hürden so schnell wie nie zuvor. In Peking gelang ihr der perfekte Lauf zu Bestzeit und WM-Silber.*

Starkes Finish
Cindy Roleders Stärke im letzten Drittel des Rennens und ein optimaler Zielsprung machten einen starken Lauf perfekt. Die Belohnung: Silber hinter der Jamaikanerin Danielle Williams (kleines Bild, rechts)

„Das wird 'ne Mega-Sause!"

So kündigte Cindy Roleder die Party nach ihrem Silberlauf an

Als Platz und Zeit auf der Anzeigetafel aufleuchteten, da riss Cindy Roleder die Augen weit auf und griff sich an den Kopf. Zweite in 12,59 Sekunden. Oder noch schöner: WM-Silber in persönlicher Bestzeit. Die Hürdensprinterin aus Leipzig konnte ihr Glück lange nicht fassen. „Das war ein Traumlauf! Und eine hammermäßige Zeit. Vom ersten Schritt bis zu letzten Hürde hat heute alles gepasst", sagte die 26-Jährige nach dem WM-Finale über 100 Meter Hürden. Später stand sie den Medienvertretern in den Katakomben des Pekinger Nationalstadions noch ganz verschwitzt und aufgeregt Rede und Antwort.

Alle feiern Roleder

Freunde, Trainer und Kollegen hatten geahnt, was die Hürdensprinterin und Siebenkämpferin vom SC DHfK Leipzig drauf hat. Ihr Ziel war das Finale. Am Ende kam die Silbermedaille dann doch überraschend. Die EM-Dritte von 2014 musste sich nur der Jamaikanerin Danielle Williams geschlagen geben: Sie holte Gold in 12,57 Sekunden. Dritte wurde die Weißrussin Alina Talay in 12,66 Sekunden.

Cindy Roleder wurde von den Teamkollegen im Athletenblock wie wild gefeiert, Stabhochspringerin Martina Strutz warf ihr Küsse zu, und Robert Hartings Freundin Julia Fischer jubelte mit. Als sie in die Deutschland-Fahne gehüllt war, da raste der WM-Zweiten das ganze Rennen wie im Zeitraffer noch mal durch den Kopf. „Den Start habe ich super getroffen. Und hinten raus ist sowieso meine Stärke. Dann hab' ich mich ins Ziel geworfen." Auf die Silber-Party in Peking freute sie sich schon: „Das wird 'ne Mega-Sause!"

Mit einem fabelhaften Endspurt schob sich Roleder noch vom fünften auf den zweiten Platz vor. DLV-Cheftrainer Idriss Gonschinska, der Cindy Roleder früher selbst einmal betreut hatte, geriet ins Schwärmen: „Chapeau! So ein Speed in der zweiten Hälfte! Sie kann in Drucksituationen über sich hinauswachsen."

Anspannung und Erlösung
Nach dem Rennen wartet Cindy Roleder gespannt auf das Ergebnis. Als ihr bewusst wird, dass sie Silber gewonnen hat, wandelt sich die Anspannung in ausgelassene Freude

Geteilte Freude ist doppelte Freude
Fast genauso wie Cindy Roleder selbst schien sich Trainingskollegin Jennifer Oeser zu freuen. Die Siebenkämpferin weiß, wie es sich anfühlt, eine WM-Medaille zu gewinnen: 2009 gewann sie Silber, 2011 Bronze

„Sie kann in Drucksituationen über sich hinauswachsen."

So lobte DLV-Cheftrainer Idriss Gonschinska die Fähigkeit Cindy Roleders, im richtigen Moment Top-Leistungen abzurufen

Cindy Roleders Erfolgsrezept
Der Weg zu schnelleren Hürdenzeiten führt bei Cindy Roleder seit zwei Jahren auch über Sprung- und Wurf-Training. Seitdem sie als Mehrkämpferin trainiert, wird sie über die Hürden immer schneller. Damit ist sie nicht allein: Auch 200-Meter-Weltmeisterin Dafne Schippers trainiert als ehemalige Siebenkämpferin noch immer vielseitig

Mehrkampf-Training zahlt sich aus

Roleder trainiert in der Hallenser Gruppe von Wolfgang Kühne – gemeinsam mit den Zehnkampf-Assen Rico Freimuth und Michael Schrader sowie Jennifer Oeser, der ehemaligen WM-Zweiten im Siebenkampf. Roleder selbst setzt seit zwei Jahren eigentlich auf den Siebenkampf – und nicht nur auf die Hürden. Beim Mehrkampf-Meeting in Ratingen steigerte sie ihre Bestleistung in diesem Jahr auf 6055 Punkte. Gut, aber nicht gut genug, um sich gegen die starke nationale Konkurrenz im Kampf um einen Startplatz bei einer internationalen Meisterschaft durchzusetzen. So startet sie international weiter über die Hürden. Zum Glück! Im vergangenen Jahr gewann sie EM-Bronze, in diesem Jahr schrammte sie bei der Hallen-EM als Vierte nur knapp an einer Medaille vorbei.

Des Trainers Geheimnis

Im Training will sie sich aber trotz des Erfolgs nicht wieder auf die Hürden konzentrieren, sondern weiterhin alle Siebenkampf-Disziplinen trainieren. Und das bekommt der hürdensprintenden Siebenkämpferin offenbar sehr gut. Auf ihren Trainer hält sie große Stücke. „Ich weiß nicht, was sein Geheimnis ist. Er macht alle seine Athleten auf den Punkt genau topfit“, sagte die Deutsche Hürden-Meisterin, die mit einer Bestzeit von 12,80 Sekunden angereist war. „Er ist einfach ein super Trainer.“

Ganz bitter endete der Abend für die Amerikanerinnen, die die Saison im Hürdensprint zuvor dominiert hatten. Erst stürzte die Favoritin Dawn Harper Nelson schon nach wenigen Metern des ersten Halbfinallaufs. Dann leistete sich Kendra Harrison nur ein Rennen später einen Fehlstart und wurde disqualifiziert. Und Titelverteidigerin Brianna Rollins ging als Vierte des Endlaufs ebenfalls leer aus.

OYO
KRA
BEIJ

Sensations-Lauf

3000 Meter Hindernis: *Gesa Felicitas Krause sorgte mit ihrer Bronzemedaille für eine der schönsten Überraschungen der WM. Dafür nimmt sie die Entbehrungen der harten Trainingslager in Kenia gern in Kauf.*

„Das ist mein Rennen."

Gesa Krauses Gedanken während des WM-Finals

Deutschland hat wieder eine Weltklasseläuferin auf der Langstrecke. Die Frankfurterin Gesa Felicitas Krause gewann völlig überraschend in Peking die Bronzemedaille über 3000 Meter Hindernis. „Das ist der größte Erfolg, den man sich vorstellen kann", sagte die 23 Jahre alte Sportsoldatin nach ihrem faszinierenden Lauf in der persönlichen Bestzeit von 9:19,25 Minuten. „Das sind Momente, von denen man träumt." Weltmeisterin wurde die Kenianerin Hyvin Jepkemoi (9:19,11 min) vor der Olympia-Zweiten Habiba Ghribi aus Tunesien (9:19,24 min).

Nach dem letzten Hindernis lag die 1,67 Meter und nur 50 Kilogramm schwere Ausnahmeläuferin sogar kurzzeitig auf Goldkurs, doch auf den letzten Metern wurde sie noch abgefangen. „Als ich gemerkt habe, der Lauf ist nicht ganz so schnell, habe ich mir gesagt: Das ist mein Rennen und jetzt Augen auf, konzentriert bleiben, und wenn der richtige Moment kommt, muss ich mit", erklärte Krause. „Schön, dass mich meine Beine auf den letzten Metern noch so getragen haben."

Schinderei in Kenia

Der Erfolg und Aufstieg der Hobby-Köchin in die Weltspitze kommt nicht von ungefähr. Fünf Höhentrainingslager hat sie seit Dezember absolviert. Dreimal in Kenia, einmal in Flagstaff/USA und zuletzt noch einmal in Davos. „Ich glaube, dass die Europäer und Amerikaner den Dreh raus haben, dass Höhentrainingslager wichtig sind. Deshalb laufen in dieser Disziplin nicht nur Afrikaner vorne rum", sagte Krause, die in der Vorbereitung bis zu 200 Trainingskilometer pro Woche lief.

Ein Trainingslager im 2400 Meter hoch gelegenen kenianischen Iten ist kein Zuckerschlecken. „Da steht Laufen im Vordergrund, man braucht nichts anderes als seine Sportschuhe", berichtete Krause. „Es ist sehr hart, weil es dort weder ein Shoppingcenter noch eine coole Einkaufstraße und Cafés um die Ecke gibt. Doch das nehme ich gern in Kauf, wenn so ein Resultat dabei rauskommt."

Nächstes großes Ziel der zierlichen

Im Gleichschritt ins Ziel
Schon am letzten Wassergraben lagen die späteren Medaillengewinnerinnen gleichauf in Front. Letztlich setzte sich Hyvin Kiyeng Jepkemoi hauchdünn gegen Habiba Ghribi und Gesa Felicitas Krause durch

Läuferin mit dem enormen Willen sind die Olympischen Spiele 2016 in Rio de Janeiro. „Das wird da nicht leichter werden. Man wird noch härter trainieren müssen", prophezeite Krause. „Ich stelle meinen Trainer Woflgang Heinig vor eine neue Herausforderung. Jetzt ist ein Niveau erreicht, wo man einen neuen Reiz finden muss." Aber sie ist absolut zuversichtlich: „Das Genie ist mein Trainer. Er wird sich etwas einfallen lassen." Das nächste Trainingslager in Kenia ist für November schon gebucht. „Die anderen werden in Rio nun wissen, dass ich an der Startlinie stehe. Als Medaillenkandidatin sehe ich mich aber nicht", meinte sie.

Deutscher Rekord ist fällig

Eher möchte sie den deutschen Rekord über 3000 Meter Hindernis knacken. „Das ist ein schönes Ziel", hofft Gesa Felicitas Krause, die sich im Juni auch bei der Team-EM in Cheboksary durchsetzte. Die Bestmarke hatte Europameisterin Antje Möldner-Schmidt, die wegen einer Verletzung in Peking fehlte, 2009 bei der WM in Berlin in 9:18,54 Minuten aufgestellt. Ihrer jungen Konkurrentin fehlen nun noch 71 Hundertstelsekunden.

Eine andere Bestmarke hat sie sich indes in diesem Jahr schon von Möldner-Schmidt geholt. Gleich zum Saison-Einstieg lief Krause die 2000 Meter Hindernis, über die keine offiziellen Rekorde geführt werden, in 6:15,52 Minuten. So schnell war vor ihr keine Deutsche. Doch schon beim ISTAF am Ende der Saison pulverisierte die U23-Europameisterin von 2013 diese Marke selbst: in 6:04,20 Minuten. Der deutsche Rekord über 3000 Meter Hindernis wackelt also gehörig.

„Es ist sehr hart, weil es weder ein Shoppingcenter noch eine coole Einkaufsstraße gibt."

Gesa Felicitas Krause über ihre Trainingslager in Kenia. Die Entbehrungen nimmt die Hindernisläuferin aber gerne in Kauf

Fassungslose Freude
Gesa Felicitas Krause wird nach dem Zieleinlauf übermannt von ihren Emotionen

2015

Das Triple verpasst

KUGELSTOßEN: *Die Sensation blieb aus: Mit seinem dritten WM-Gold nach 2011 und 2013 hätte David Storl mit Werner Günthör und John Godina gleichziehen können. Letztlich musste der Leipziger aber sogar um Silber bangen.*

Im Kugel-Krimi von Peking hat David Storl gerade noch WM-Silber gerettet. „Ich bin froh, dass ich die 21,74 Meter noch stoßen konnte. Es hätte auch ganz anders ausgehen können", sagte der 25 Jahre alte Chemnitzer mit einer Mischung aus Erleichterung und Enttäuschung. Schließlich hatte er seinen dritten Weltmeistertitel im Visier, wäre aber beinahe sogar ohne Medaille geblieben.

Nicht nur der frühere American-Football-Spieler Joe Kovacs, dem im fünften Versuch die Siegerweite von 21,93 Metern gelang, machte dem Weltmeister von 2011 und 2013 das Leben schwer: Nach dem vierten Versuch lag nicht nur der US-Koloss vor ihm, sondern unerwartet auch O'Dayne Richards aus Jamaika, der am Ende mit 21,69 Metern Dritter wurde, und der Neuseeländer Thomas Walsh.

„Es war ein verkrampfter Wettkampf, der an mir vorbeigelaufen ist", bekannte Storl. „Ich bin überhaupt nicht reingekommen und habe auf dem Weg ins Stadion irgendwie meine Linie verloren." Der Schweizer Werner Günthör und John Godina aus den USA bleiben damit die beiden einzigen Kugelstoßer, die dreimal Weltmeister wurden.

Wiedergutmachung in Rio

Im „Vogelnest"-Stadion hatte ihm Christina Schwanitz, die eine Stunde zuvor bei der Siegerehrung viele Freudentränen vergossen hatte, auf der Tribüne die Daumen gedrückt. Sie hatte am Vortag Gold gewonnen. Beide trainieren seit vielen Jahren bei Sven Lang, dem erfolgreichsten deutschen Kugelstoß-Coach. Er muss nun seinen Ausnahmeathleten wieder aufrichten.

„Ich hoffe, dass ich das verarbeiten kann und es bei den Olympischen Spielen 2016 in Rio de Janeiro besser wird", sagte Storl, der 2012 in London Zweiter war und selbst in Tokio 2020 nicht den Endpunkt seiner Karriere sieht. „Ich habe noch einiges vor. Ich bin ja nicht gerade der Älteste", meinte er. „Und ich hoffe, dass ich mit Sven Lang die nächsten zehn Jahre noch zusammenarbeite."

„Ich bin cleaner als clean."

Versichert Doppel-Weltmeister David Storl, der sich weiter legal dem deutschen Rekord von Ulf Timmermann (23,06 m) und dem Weltrekord von Randy Barnes (23,12 m) nähern will

Zweimal Gold fehlt noch

Dann will er auch noch seine Gold-Sammlung komplettieren, der er in diesem Jahr bereits mit Hallen-EM-Gold einen fehlenden Titel hinzugefügt hat. Im Jugend-Bereich hat er alle Titel geholt, bei den Erwachsenen war er Weltmeister, Europameister und Hallen-Europameister. Fehlen noch Gold bei Olympia und Hallen-WM, wo er bislang „nur" Zweiter war.

In Peking lautete das Ergebnis: Gold für Schwanitz, Silber für Storl – das zeigte einmal mehr, dass auf die deutschen Kugelstoßer Verlass ist. „Na klar ist es eine gute Bilanz. Bei so einer starken Konkurrenz kann ich eigentlich zufrieden sein – persönlich bin ich es nicht, weil ich im Finale nicht richtig an mir arbeiten konnte", sagte Storl, der nach dem zweiten Versuch auch noch einen Krampf in der rechten Wade bekam. „Man baut so viel Spannung auf. Dann ist es irgendwann zu viel und man bekommt einen Krampf. Der hängt einem nach."

Mit Jogginghose durch die Quali

Ganz anders war es in der Qualifikation am Vormittag gelaufen. Da brauchte der Titelverteidiger nicht einmal die Jogginghose ausziehen. Fast lässig übertrumpfte der Ausnahmeathlet vom SC DHfK Leipzig gleich im ersten Versuch mit 21,26 Metern die geforderten 20,65 Meter. „Ich war mir meiner Sache recht sicher, ich habe in diesem Jahr keinen Versuch unter dieser Qualifikationsweite gemacht", sagte er voller Zuversicht und selbstbewusst.

Storls größter Rivale Kovacs ließ die Acht-Kilo-Kugel auch da schon mit 21,36 Metern am weitesten fliegen. Der Amerikaner war mit 22,56 Metern als Weltjahresbester angereist. Storl hatte in diesem Jahr mit 22,20 Metern erstmals die 22-Meter-Marke übertroffen.

Und es soll noch viel weiter gehen. Ohne Doping, das seit vielen Jahren ein Problem im Kugelstoßen ist. „Ich bin sauber, cleaner geht's nicht", versicherte Storl im Interview mit der „Welt". Auch ohne verbotene Substanzen glaubt er, dem 25 Jahre alten Weltrekord von Randy Barnes (23,12 m) zumindest nahe kommen zu können. „Man kann große Weiten ohne zu dopen stoßen. Davon bin ich felsenfest überzeugt", prophezeite Storl. „Allein schon deshalb, weil ich selber in Rekordbereiche vorstoßen möchte." Und wem sollte das sauber gelingen, wenn nicht Storl, den viele Kenner für eines der größten Talente im Kugelstoßen halten.

In den Hintergrund gedrängt
2011 in Daegu und 2013 in Moskau war es David Storl gewesen, der Gold gewonnen hatte. 2015 verdrängte ihn der US-Amerikaner Joe Kovacs vom Platz in der ersten Reihe

Titelsammlung erweitert
Bei der Hallen-EM in Prag stand David Storl 2015 ganz oben auf dem Podest. Der Titel hatte ihm in seiner Gold-Sammlung noch gefehlt. Mit 25 Jahren hat er bereits alle Titel in der Jugend und bei den Erwachsenen außer dem des Olympiasiegers und Hallen-Weltmeisters gewonnen

Es zwickte und zwackte ...
... in David Storls rechter Wade. DLV-Physiotherapeut Raimond Igel legte Hand an, um den Krampf zu behandeln

SCHWANITZ

Die Nerven im Griff

KUGELSTOßEN: *Der Aufstieg von Christina Schwanitz zur weltbesten Kugelstoßerin war einer mit Hindernissen. Die Kraft dazu war da, nur die Nerven spielten lange nicht mit. In Peking passte das Nervenkostüm: Als zweite deutsche Kugelstoßerin holte sie WM-Gold.*

Christina Schwanitz musste erst ihren Blackout besiegen, um die beste Kugelstoßerin der Welt zu werden. Bei einer Prüfung zum Realschulabschluss spürte sie dieses schwarze Nichts zum ersten Mal. „Und das hat sich fortgesetzt: Immer wenn Stress auftrat, hatte ich einen Blackout“, sagte die 29 Jahre alte Sächsin nach ihrem Siegesstoß bei der Leichtathletik-WM in Peking. Eine Psychologin hat ihr das „Problem im Kopf weg gemacht“, so Schwanitz. „Seitdem kann ich – meistens – weit stoßen.“ Jetzt ist sie Weltmeisterin!

Ihr Nervenkostüm ist inzwischen so stabil, dass sie auch brenzlige Situationen wie beim Goldkampf im „Vogelnest“-Stadion von Peking meistern kann. Obwohl ihre chinesische Widersacherin Lijiao Gong gleich im ersten Versuch 20,30 Meter vorlegte und Schwanitz zweimal nicht darüber hinaus kam, bekam sie nicht die große Flatter.

Mehr Spannung

In Durchgang drei katapultierte sie die Kugel auf 20,37 Meter und landete damit den goldenen Stoß. Es war ein weitaus spannenderer Wettkampf als so manch anderer in diesem Jahr. Bei der Team-EM gewann sie mit mehr als einem Meter Vorsprung, bei den Deutschen Meisterschaften in Nürnberg waren es gar fast drei. Selbst bei den Diamond League-Meetings siegte sie oft souverän. „Entspannt war es nicht, dafür aber interessant. Sieben Zentimeter reichen auch“, lautete der vergnügte Kommentar des Kraftpakets vom LV 90 Erzgebirge nach ihrem WM-Triumph. „Nach dem zweiten Versuch habe ich schon gezittert, da hätte es auch schief gehen können“, gab ihr Trainer Sven Lang später zu. „Als Christina noch so instabil war, wäre sie nur Zweite geworden.“

Keine Aussetzer mehr

Dank psychologischer Hilfe sind die sportliche Tiefschläge der Sportsoldatin nur noch Episoden aus der Vergangenheit: Der Aussetzer im WM-Finale 2011 in Daegu, als sie Zwölfte wurde, und das Aus in der Qualifikation bei der Hallen-WM 2012 in Istanbul. Seitdem geht es mit ihrer Karriere steil nach oben. 2013 WM-Zweite, 2014 Europameisterin, 2015 Weltmeisterin – und 2016 Olympiasiegerin?

„Nun mal langsam. Erstmal träume ich von meinem Urlaub. Und dann mal gucken, wie es läuft“, meinte Schwanitz. „Der Körper muss halten, da gibt es viele Facetten, die da reinspielen.“ Schließlich musste sie im vorherigen Jahr nach ei-

Freudenexplosion
Bis zum letzten Versuch blieb Christina Schwanitz voll fokussiert. Dann ließ sie ihrer Freude freien Lauf

Volle Konzentration auf Gold
Christina Schwanitz war die dominierende Stoßerin der Saison. In Peking ließ sie sich nicht von ihrem Ziel, der Goldmedaille, abbringen

ner nicht gut verlaufenen Knie-Operation darum bangen, überhaupt wieder Sport treiben zu können. „Das war die Hölle für den Kopf", berichtete die erst zweite deutsche Weltmeisterin im Kugelstoßen nach Astrid Kumbernuss.

Saison des Lebens

Die Frohnatur mit dem geflochtenen Zopf erholte sich nicht nur, sondern erlebte 2015 die „beste Saison ihres Lebens" mit einer neuen Bestleistung von 20,77 Metern und dem WM-Triumph. Außerdem war es für eine Kugelstoßerin ein außergewöhnlich lukratives Jahr: Schwanitz gewann auch die Diamond League und kassierte dafür 40.000 US-Dollar (rund 35.000 Euro). Außerdem wird ihr WM-Gold noch mit einer Prämie von 60.000 Dollar versilbert.

„Wenn ich noch mal in den Bereich 20,77 Metern stoßen und solche Weiten vielleicht etwas routinierter abrufen könnte, wäre es für Olympia in Rio noch mal eine andere, leichtere Ausgangssituation", hofft Schwanitz. „Doch stoßen muss ich dort trotzdem. Schenken tut mir keiner etwas." Am wenigsten wohl die zweimalige Olympiasiegerin Valerie Adams (Neuseeland), die nach einer Verletzung auf die WM verzichtete.

Oder auch die chinesische WM-Zweite Jijiao Gong, die Schwanitz bereits in Peking forderte. Schließlich wird sie von dem deutschen Trainer Dieter Kollark betreut, der schon Astrid Kumbernuss zu drei WM-Titeln und 1996 zum Olympiasieg führte. Dessen Hilfe braucht Schwanitz allerdings gar nicht. „Gold-Coach" Sven Lang, der auch den Doppel-Weltmeister David Storl betreut, lenkt ihre Geschicke. Und außerdem kann sie sich mittlerweile ja auch auf ihr Nervenkostüm verlassen.

„Sieben Zentimeter reichen auch."

Christina Schwanitz über den Vorsprung, mit dem sie gegen die Chinesin Lijiao Gong gewonnen hat. Im Verlauf der Saison hatte sie zuvor oft mit einem riesigem Vorsprung gesiegt

Tränen der Freude
Dem überschwänglichen Jubel nach dem Wettkampf folgten Freudentränen bei der Siegerehrung

Anpeitschen
Das chinesische Publikum gab alles, um ihre Top-Stoßerin Lijiao Gong zu Gold zu treiben. Und die Chinesin forderte Christina Schwanitz tatsächlich mehr als erwartet. Besiegen konnte sie die Deutsche aber nicht

Starkes Duo
Christina Schwanitz und Lijiao Gong waren die besten Stoßerinnen der Saison. Die zwölf besten Weiten des Jahres gehen auf das Konto des Duos. In Peking lieferten sie sich einen harten Kampf – und beglückwünschten sich danach gegenseitig

Ein legendärer Kampf

ZEHNKAMPF: *Sie kämpften beide bis zum Umfallen und erreichten beide ihr Ziel: Ashton Eaton stellte als Sieger einen neuen Weltrekord auf, Rico Freimuth gewann Bronze.*

Lohn für einen harten Kampf
Rico Freimuth bejubelt seine erste große internationale Medaille. Ashton Eaton ist nach seinem Weltrekord-Zehnkampf am Ende seiner Kräfte

König Ashton hatte glänzende Augen, und auch Freimuth II. wurde nach dem Drama in zehn Akten kurz von seinen Gefühlen übermannt. „Dieser Zehnkampf, dieser Weltrekord, da bekam ich Gänsehaut. Das war ein legendärer Moment – und ich war dabei“, sagte Rico Freimuth, Sohn des früheren Weltklasse-Zehnkämpfers Uwe Freimuth, nach dem größten Coup seiner Laufbahn: Bronze bei den Leichtathletik-Weltmeisterschaften in Peking. „Meine Karriere hat ihren Höhepunkt erreicht. Ich habe mir einen Lebenstraum erfüllt“, meinte der Hallenser, der die Medaille mit einem irren Schlussspurt im 1500-Meter-Lauf gerade noch gerettet hatte. „Der ganze Zehnkampf war einfach geil. Ich war auf meiner Welle, ich war in Gedanken immer bei mir, ich hatte keine Flausen um Kopf.“

Unterstützung vom Rekordler

Freimuth wollte das Edelmetall unbedingt, man sah es ihm an, man spürte es. Und als Platz drei schließlich sicher war, da wusste er genau, wer ihm den letzten Kick gegeben hatte. „Danke, Ashton!“, sagte der deutsche Hauptdarsteller einer großen Zehnkampf-Show, die Eaton auch noch mit einem Weltrekord krönte. „Ashton ist der größte Athlet“, erklärte Freimuth nicht nur einmal. Er war gerührt und fühlte sich geehrt.

Eaton und Freimuth – war das der Anfang einer wunderbaren Freundschaft? Beide Zehnkämpfer sind 27 Jahre alt, beide machen ihren Job seit Jahren mit Leidenschaft, und dass sie sich im Wettkampf nichts schenken, schließt gegenseitige Hilfe nicht aus. „Kameradschaft“ – dieses Wort fiel ganz oft an jenem Abend in den Katakomben des „Vogelnest“-Stadions. Der US-Amerikaner und der Deutsche lieferten bei ihrem WM-Duell ein Beispiel dafür. Vor den 1500 Metern spornten sie sich an. Zuerst musste Eaton seinem Kollegen Mut machen – denn Freimuth hatte Zweifel, dass er die Medaille mit nach Hause bringt.

„Ich bin in diesem Jahr nicht gut“, sagte der Hallenser. Eaton beruhigte ihn – und machte ihm Mut. „Er sagte zu mir: Rico, das ist schon okay. Du bist stark, du kannst doch schnell laufen. Du musst nur an dich glauben!“ Das war der Kick, den Freimuth brauchte, um die letzten Kräfte freizusetzen. „Ich bin eine Riesenzeit gerannt“, sagte Freimuth über seine 4:37,05 Minuten, mit denen er nur rund zweieinhalb Sekunden über seiner Bestzeit blieb, im Feld der Zehnkämpfer aber eher einen hinteren Platz belegte. „Ich bin wirklich um mein Leben gerannt.“

Knappes Ding

Als er sich dann mit letzter Kraft ins Ziel warf, da war der alte und neue Weltmeister längst durch, mit dem größten Vorsprung bei einer Leichtathletik-Weltmeisterschaft hatte er sich sein zweites WM-Gold erkämpft. Noch wie in Trance bekam dann auch Freimuth mit, was in grellen Farben auf der elektronischen Anzeigetafel blinkte: „9045 POINTS – NEW WORLD RECORD“. Da tobte das Stadion schon, und Freimuth keuchte noch.

Ein knappes Ding war es für beide: Eaton verbesserte seinen gut zwei Jahre alten Weltrekord um sechs Zähler, und Freimuth hätte auf den letzten fünf Metern nicht einknicken dürfen: Ganze 23 Punkte Vorsprung hatte der 1,96 Meter große Sportsoldat auf den Russen Ilya Shkurenev. Das sind über 1500 Meter rund 3,5 Sekunden – nach zwei langen Wettkampftagen. Mit 8561 Punkten schob er sich auf Platz acht der ewigen deutschen Bestenliste – Zweiter ist in dieser Auflistung übrigens sein Vater Uwe mit 8792 Punkten.

Geplatzte Bronze-Feier

Freimuth Dritter, Götzis-Sieger Kai Kazmirek (LG Rhein-Wied; 8448 Punkte) Sechster, Michael Schrader (SC Hessen Dreieich; 8418 Punkte) Siebter – die Team-WM hätten die Deutschen wohl gewonnen. Doch Eaton hat das gute Abschneiden nicht überrascht: „Sie haben immer den besten Teamgeist und die stärksten Nerven.“

Der König der Athleten lag bei seinem Start-Ziel-Sieg sagenhafte 350 Punkte vor dem zweitplatzierten Kanadier Damian Warner – noch nie hatte ein Zehnkampf-Champion bei einer WM einen so großen Vorsprung. Wäre der Olympiasieger über 1500 Meter nur eine Sekunde langsamer gewesen, hätte der Weltverband IAAF die Weltrekordprämie von 100.000 Dollar gespart.

Die Bronze-Feier lief dann ganz anders, als sie sich Freimuth & Freunde vorgestellt hatten: „Ich hatte eine richtig geile Party. Bis drei Uhr nachts war ich bei der Dopingkontrolle und musste dort fünf Proben abgeben. Als ich danach ins Hotel kam, lagen alle schon im Bett.“

GERMANY
TDK

Gruppenbild mit König
Die Zehnkämpfer lassen sich nach dem Wettkampf vom Publikum bejubeln und feiern. Allen voran die Medaillengewinner Rico Freimuth, Zehnkampf-König Ashton Eaton und der Zweitplatzierte Damian Warner (erste Reihe von links)

„Ich bin wirklich um mein Leben gerannt.“

Auch wenn es zwischenzeitlich so aussah, als ob Rico Freimuth im 1500-Meter-Lauf hinter den anderen Zehnkämpfern herjoggen würde – der Hallenser gab alles und lief in die Nähe seiner Bestleistung

USA

„Sie haben immer den besten Teamgeist und die stärksten Nerven."

Zehnkampf-Weltrekordler Ashton Eaton über die deutschen Mehrkämpfer. Das galt in Peking für Kai Kazmirek, Rico Freimuth und Michael Schrader (oben von links), die für ein herausragendes Mannschafts-Ergebnis sorgten

Von einem anderen Stern
Mit seinem ungewöhnlichen Kühlhelm, den Ashton Eaton zusammen mit seinem Ausrüster Nike entworfen hat, sah der US-Amerikaner tatsächlich aus wie von einem anderen Stern. Die Deutschen um Michael Schrader setzten hingegen auf altbewährte Eiswürfel in der Kappe

Keine Chance für die Konkurrenz
Vier Sprinter blieben im 200-Meter-Finale unter 20 Sekunden – und doch hatte keiner eine Chance gegen Usain Bolt, der auf den letzten Metern schon feiern konnte

Der Konkurrenz wieder enteilt

SPRINT: *Gold, Gold – und noch mal Gold: Usain Bolt hat sein Triple in Peking perfekt gemacht. Ist der Größte nun bald der Allergrößte? Bei Olympia in Rio will er die Frage beantworten – endgültig.*

Wie man Usain Bolt stoppen kann, machte am Ende nur ein Kameramann vor. Der Superstar aus Jamaika hatte bei der Leichtathletik-WM in Peking gerade auch das zweite Duell mit seinem großen Rivalen Justin Gatlin gewonnen, er befand sich auf seiner Ehrenrunde, als der Mann mit der Kamera hinter ihm angefahren kam und den Titelverteidiger, Weltrekordhalter und Olympiasieger einfach umfuhr. Bolt fiel kurz zu Boden, rappelte sich wieder auf und lachte einfach weiter.

Denn sein ziemlich eindeutiger Sieg über 200 Meter in der Weltjahresbestzeit von 19,55 Sekunden brachte dem 29-Jährigen bereits den zehnten WM-Titel in seiner beispiellosen Karriere ein. Vier Tage zuvor hatte er im „Vogelnest" bereits das 100-Meter-Rennen gewonnen, zwei Tage nach dem 200-Meter-Sieg ließ er noch den elften Titel mit der jamaikanischen 4x100-Meter-Staffel folgen. Selbst die legendären US-Amerikaner Carl Lewis und Michael Johnson hatten „nur" acht Titel geholt. „Gut gemacht, Usain!", lobte sich der schnellste Mann der Welt diesmal selbst. „Ich bin einfach nur glücklich. Ich hatte auch nie Zweifel an mir. Wenn es um die 200 Meter geht, bin ich ein anderer Mensch."

Bolt nimmt es gelassen

Und was sagte er zu dem Vorfall mit dem Kameramann auf dem Gefährt mit zwei

Erleichterung
Zum fünften Mal gelang Usain Bolt bei einer WM oder Olympischen Spielen das Gold-Triple. Nach den Verletzungen im Vorfeld war die Erleichterung dieses Mal besonders groß

Plausch unter Freunden
Ob Usain Bolt und Justin Gatlin wirklich Freunde sind, bleibt dahingestellt. Nach dem 200-Meter-Finale inszenierten sie aber einen kleinen Plausch unter Freunden für die Fotografen

Karambolage
Kein noch so schneller Sprinter konnte Usain Bolt in den WM-Rennen von Peking stoppen. Einem Kameramann auf einem zweirädrigen Stehroller gelang das aber auf der Ehrenrunde nach den 200 Metern, als er ihm von hinten in die Beine fuhr und ihn umschmiss. Nach der Siegerehrung entschuldigte er sich mit einem Armband als Geschenk bei dem Sprinter

Bolt der Superstar
Usain Bolt ist es immer noch, der den anderen Sprintern zeigt, wo es langgeht. In Peking durfte natürlich auch sein Markenzeichen, die Siegespose mit dem ausgestreckten Arm, nicht fehlen

Rädern? „Es gehen hier schon die ersten Gerüchte um, dass Justin Gatlin den bezahlt hat", meinte Bolt im Scherz. Sein Herausforderer aus den USA nahm diese Vorlage gern auf und entgegnete: „Ich will mein Geld zurück. Der hat da etwas falsch verstanden. Er sollte das vor dem Rennen machen. Nicht danach."

Auch Gatlin hatte nach dem Finale erstaunlich gute Laune. Denn er wusste: In 19,74 Sekunden lief auch er als Zweiter eine starke Zeit. Anders als am Sonntag über 100 Meter, als Bolt ihn nur um eine Hundertstel geschlagen hatte, war der US-Amerikaner diesmal aber chancenlos. Gatlin aber sah Bolt diesmal schon kurz vor der Ziellinie jubeln – und akzeptierte seine Rolle als Verlierer erneut sportlich fair.

Der Buhmann lächelt

Der frühere Doping-Sünder Gatlin, der bei dieser WM so sehr in die Rolle des Buhmanns hineingewachsen ist, schnappte sich eine amerikanische Fahne, lächelte zufrieden – und begleitete Usain Bolt einfach auf Teilen seiner Ehrenrunde. „Ich war der älteste Mann in diesem Finale und ich laufe immer noch. Ich laufe sogar noch ziemlich schnell", sagte der 33-Jährige. „Es fühlt sich immer noch gut an, gegen diesen Mann hier anzutreten. Wir pushen uns gegenseitig zu solchen Leistungen. Darauf kommt es an."

Gatlins Siegesserie reißt

Tatsächlich aber scheint ein bemerkenswertes und nach wie vor hochumstrittenes Comeback nach seiner vierjährigen Dopingsperre mit dieser WM ausgereizt zu sein. Der Amerikaner hatte im Vorfeld in fast zwei Jahren bei 26 Starts kein Rennen verloren. Mehr als WM-Silber wie schon 2013 und 2015 über 100 Meter scheint für Gatlin bei Großereignissen gegen einen halbwegs fitten Bolt nicht möglich zu sein.

Seit 2007 hat der Jamaikaner auf der halben Stadionrunde nicht mehr verloren. Die 19,55 Sekunden von Peking waren auch seine schnellste Zeit über diese Distanz seit den Olympischen Spielen 2012 in London.

Kurz vor seiner Karambolage mit dem Kameramann landete Usain Bolt auf seiner Ehrenrunde wieder genau da, wo er schon nach dem 100-Meter-Finale für die Fotografen posiert hatte: Vor einem Plakat mit der Aufschrift „Usain Bolt. Nr 1". Die Nummer eins und die einzige globale Ikone seines Sports ist der 29-Jährige nun schon seit den Olympischen Spielen in genau diesem Stadion im Jahr 2008. Bei seiner Rückkehr in die chinesische Hauptstadt sieben Jahre später steckte Bolt sogar seine monatelangen Verletzungsprobleme und seine fehlende Wettkampfpraxis weg.

„Legende des Sports"

„Ich war heute nicht so sehr auf die Zeit fokussiert, denn ich wusste, dass ich nicht in der Form für einen Weltrekord bin", meinte er. „Für mich zählte allein der Sieg – und der ist ein großes Geschenk für mich und mein Land." Eine „Legende des Sports" will er werden, das hat er immer wieder gesagt. Bolt ist längst der Größte, zählt er sich auch schon zu den Größten aller Zeiten? „Ich glaube, ich bin auf dem Weg dahin", erklärt er selbstbewusst. „Nach Rio werde ich es euch sagen."

Sprint-Wunder

SPRINT: *Gold über 200 und Silber über 100 Meter. Schneller als Dafne Schippers waren über 200 Meter zuvor nur Florence Griffith-Joyner und Marion Jones.*

Die Niederländerin Dafne Schippers ist Europas neue Sprint-Königin und die schnellste weiße Läuferin, die es jemals über 200 Meter gab. „Das ist doch verrückt“, stammelte die 23-Jährige nach ihrem triumphalen Rennen bei der Leichtathletik-WM in Peking selbst verblüfft. Mit 21,63 Sekunden flitzte sie nicht nur allen davon, sondern in Europarekordzeit über die Ziellinie. Das jamaikanische Duo Elaine Thompson (21,66 sec) und Veronica Campbell-Brown (21,94 sec) hatte Schippers auf den letzten drei Metern noch abgehängt.

Nur zwei waren schneller

In der Leichtathletik-Geschichte waren bisher nur die verstorbene Weltrekordlerin Florence Griffith-Joyner – sie lief bei den Olympischen Spielen 1988 in Seoul 21,56 und 21,34 Sekunden – und Marion Jones (21,62 sec/beide USA) über 200 Meter schneller gewesen. Den Europarekord hatten bisher die früheren deutschen Sprinterinnen Marita Koch (1979) und Heike Drechsler (1986) mit 21,71 Sekunden gehalten. Beide sind die Zeit jeweils zweimal gelaufen.

„Ich hatte gehofft, Gold zu gewinnen und unter 22 Sekunden zu bleiben. Beides habe ich geschafft, ich kann es nicht glauben. Was für ein Rennen, was für ein Turnier“, sagte die Tochter eines Sportphysiotherapeuten. Nach dem Zieleinlauf wurde Schippers schwarz vor Augen, auf die Ehrenrunde musste sie verzichten.

Dopingverdacht läuft mit

Sind Nervenstärke und Talent der einstigen Mehrkämpferin – vor zwei Jahren gewann sie bei der WM Bronze im Siebenkampf – die einzigen Gründe für den enormen Beschleunigungsschub? Die Zweifel laufen mit.

Deshalb wurde sie in Peking mit Fragen nach Doping konfrontiert. Schon nach dem 100-Meter-Sprint, den sie in 10,81 Sekunden hingelegt hatte, als sie elf Hundertstelsekunden schneller als jemals vor der WM war und den niederländischen Rekord zweimal verbessert hatte. „Ich bin sauber. Ich arbeite hart, mache alle Dopingtests“, antwortete Schippers. „Man kann doch einfach nur Talent haben.“

Ihr Trainer Bart Bennema versichert hingegen, dass ihre phänomenale Beschleunigungsfähigkeit nicht auf verbotene Mittel beruht. „Um diese Fragen kommt sie nicht herum“, meinte er, aber was könne sie dafür, dass sie „solche Vorgängerinnen hat. Das ist nicht ihr Fehler“. Bei Griffith-Joyner gab es immer Verdächtigungen und Marion Jones wurde des Dopings überführt – wie viele andere Sprinterinnen.

Noch Verbesserungspotential

Auch ihr auffälliges Hautbild ist für Bennema kein Indiz, dass seine Läuferin Verbotenes einnimmt. „Wenn man in den Niederlanden durch die Straßen geht, kann ich jedem zehn Frauen mit so einer Haut zeigen“, sagte der Coach, der seit sieben Jahren ihr Sprinttrainer ist. „Es ist unfair. Das ist familiär bedingt.“

Für ihn hat Schippers in puncto Schnelligkeit noch nicht alles ausgereizt. „Es gibt noch Raum für Verbesserungen. Sie ist nicht die Beste am Start.“ Eine Rückkehr zum Siebenkampf wird es für den Sprint-Shootingstar nicht geben. „Ich denke nicht“, sagte sie.

Überglücklich
Bis zum letzten Versuch lag Nadine Müller auf dem zweiten Platz, dann wurde sie noch auf den dritten Rang verdrängt. Die 29-Jährige freute sich aber auch über Bronze riesig

Zurück in der Weltspitze

DISKUSWURF: *Nach Knieproblemen und einer früh abgebrochenen Saison 2014 konnte Nadine Müller erst im Dezember mit der Vorbereitung auf die neue Saison beginnen. Ihre Bronze-Medaille feierte sie in Peking daher ausgelassener als WM-Silber 2011.*

Sie strahlte, sie lachte und war einfach nur „super, super glücklich". Nach dem bitteren Jahr 2014, in dem sie wegen Knieproblemen fast nicht werfen konnte und auch nicht bei der EM am Start war, hat sich Diskuswerferin Nadine Müller wieder in der Weltspitze zurückgemeldet und ihre Bronzemedaille bei der Leichtathletik-WM in Peking fast wie einen kleinen Sieg gefeiert. „Jetzt bin ich so happy, dass sich der ganze Schweiß, die ganzen Tränen doch gelohnt haben. Es war so hart, sich wieder zurückzukämpfen", sagte die 29-Jährige nach dem spannenden Wettkampf im „Vogelnest"-Stadion. „Ich fühle mich wunderbar. Einfach großartig."

Silber nur knapp verpasst

Fast wäre es sogar wieder Silber geworden, wie schon vor vier Jahren in Daegu. Denn erst im letzten Versuch schob sich die Kroatin Sandra Perkovic noch auf Platz zwei vor. Doch damit konnte Nadine Müller an diesem Abend leben: „Ich habe Bronze gewonnen und nicht Silber verloren. Die Medaille heute hat für mich einen höheren Stellenwert. Die letzten zwei Jahre waren Seuchenjahre. Ich musste wieder ganz von vorne anfangen." Diesmal war die Athletin vom SC DHfK Leipzig auch mit ihren 65,53 Metern und Rang drei zufrieden. Denia Caballero durfte sich mit herausragenden 69,28 Metern als erste Diskuswurf-Welt-

Team-Weltmeister ...
... wären die Deutschen geworden, gäbe es eine solche Wertung. Shanice Craft wurde Siebte, Nadine Müller Dritte und Julia Fischer (von links nach rechts) Fünfte

Einen ganz besonderen Dank ...
... gab es von Nadine Müller für ihren rechten Wurfarm. Nach WM-Silber 2011 und EM-Silber 2012 sowie zwei Medaillen im Jugendbereich bescherte er ihr jetzt mit WM-Bronze die fünfte internationale Medaille

„Die Medaille heute hat für mich einen höheren Stellenwert."

Nach den Verletzungssorgen 2014, die sie zu einem EM-Verzicht zwangen, wusste Nadine Müller die Bronze-Medaille von Peking noch mehr zu schätzen als Silber 2011 in Daegu

meisterin aus Kuba feiern lassen. Sie entthronte damit Olympiasiegerin Perkovic, die sich nervenstark mit 67,39 Metern aber noch zwischen Caballero und Müller schob.

Die Berlinerin Julia Fischer landete trotz einer schmerzhaften Rückenblessur mit 63,88 Metern auf einem respektablen fünften Platz, Siebte wurde die EM-Dritte Shanice Kraft aus Mannheim mit 63,10 Metern.

Der Olympiasieger gratuliert

Da gratulierte sogar Olympiasieger Robert Harting spontan zur starken Mannschaftsleistung. „Super Ergebnis! Harte Arbeit und ein toller Wettkampf liegen hinter euch. Genießt den Abend", schrieb der Freund von Julia Fischer auf Facebook. Der Berliner hatte sich für einen WM-Verzicht entschieden, weil er nach seiner Kreuzbandverletzung noch nicht wieder in Top-Form gekommen war.

Dafür gab seine Partnerin im „Vogelnest" ihr Bestes: Die 25-Jährige landete nun auch bei einer Weltmeisterschaft auf jenem fünften Platz, den sie vor einem Jahr bei der EM in Zürich erkämpft hatte. „Wir sind super stolz! Toll gekämpft. Wir freuen uns auf sie", sagte Harting der Deutschen Presse-Agentur. „Julia und Nadine waren auf einem Level."

Kämpfen und durchbeißen

Nadine Müller machte ihrem Motto wieder alle Ehre: Wer kämpft, kann verlieren, wer nicht kämpft, hat schon verloren. Mit dem ersten Versuch wollte sie auf Nummer sicher gehen, später wurden ihr die Beine schwer. „Ich hätte nach den Vorleistungen nicht gedacht, dass mein erster Versuch schon für eine Medaille reicht. Danach wollte ich gerne noch einen draufpacken. Aber ich habe zu viel gewollt und konnte ab Versuch drei nur hoffen, dass keiner mehr ran kommt." Sie biss sich auch im WM-Finale durch – so wie nach dem verlorenen Wettkampfjahr 2014, das für sie wegen einer Verletzung praktisch schon im Juni zu Ende gewesen war. „Erst im Dezember haben wir wieder mit dem Training angefangen. Es hat lange gedauert, sich wieder heranzukämpfen", sagte sie. Aber es hat sich gelohnt.

Meisterinnen des ersten und letzten Versuchs
Während Denia Caballero (Mitte) und Nadine Müller (rechts) ihre besten Versuche gleich im ersten Durchgang abfeuerten, machte es Olympiasiegerin Sandra Perkovic spannend. Erst im letzten Versuch schob sie sich noch auf den zweiten Rang nach vorn

The Unbeatable

LANGSTRECKE: *Als erster Läufer hat Mo Farah sieben große Langstrecken-Titel in Serie gewonnen. Damit ist er sogar erfolgreicher als Kenenisa Bekele und Haile Gebrselassie. Seine Vorbereitung stand ganz im Zeichen der Doping-Vorwürfe gegen seinen Trainer.*

Der Brite Mo Farah hat bei den Weltmeisterschaften in Peking Leichtathletik-Geschichte geschrieben. Der Doppel-Olympiasieger verteidigte sein WM-Gold über 10.000 und 5000 Meter und ist jetzt der erste Läufer, der sieben große Langstrecken-Titel nacheinander gewonnen hat. 2011 in Daegu wurde er noch Zweiter über 10.000 Meter, seitdem ist der 32-Jährige bei Weltmeisterschaften und Olympischen Spielen über 5000 und 10.000 Meter ungeschlagen.

Das haben in dieser Serie noch nicht einmal seine beiden prominenten Vorgänger Haile Gebrselassie und Kenenisa Bekele (beide Äthiopien) geschafft. Gebrselassie hatte zwischen 1993 und 2000 und Bekele zwischen 2003 und 2009 alle 10.000-Meter-Titel bei WM oder Olympia gewonnen. Beide holten zusätzlich aber nicht immer auch noch den 5000-Meter-Sieg oder waren über diese Distanz gar nicht erst am Start.

Auch bei EM zuletzt ungeschlagen

Farah gewann zudem bei den letzten drei Europameisterschaften dreimal die 5000 und zweimal die 10.000 Meter – vor Olympia verzichtete er auf einen 10.000-Meter-Start.

In Nationalstadion von Peking setzte sich Farah über die längere Strecke in 27:01,13 Minuten gegen die beiden Kenianer Geoffrey Kipsang Kamworor (27:01,76 min) und Paul Tanui (27:02,83 min) durch. Der Hamburger Arne Gabius lief nach 28:24,47 Minuten als 17. durchs Ziel. Eine Woche später gewann der 32 Jahre alte Brite nach einem starken Schlussspurt in 13:50,38 Minuten auch noch die 5000 Meter vor dem Kenianer Caleb Ndiku (13:51,75 min) und dem Äthiopier Hagos Gebrhiwet (13:51,86 min). Richard Ringer vom VfB Friedrichshafen, der sich als erster Deutscher seit Dieter Baumann 1997 für ein WM-Finale über diese Strecke qualifiziert hatte, wurde nach 14:03,72 Minuten 14.

Erlösung nach Verdächtigungen

„Es war großartig, hier rauszugehen, über die Ziellinie zu laufen und meine Titel zu verteidigen", sagte Farah. „Das bedeutet mir so viel. Denn alle wissen: Das war kein leichtes Jahr für mich."

Im Mai hatte die BBC in einer großen TV-Reportage massive Doping-Vorwürfe

Eine unglaubliche Leichtigkeit ...
... bewies Mo Farah wieder einmal nicht nur während des Wettkampfs, als er fast spielerisch die Konkurrenz auf den letzten Metern abhängte. Auch der Gold-Jubel nach dem Lauf offenbarte, dass Farah noch genügend Kraft in den Beinen hatte

gegen seinen Trainer Alberto Salazar erhoben. Farah selbst wurde darin nie belastet. Trotzdem galt der britische Laufstar in der Öffentlichkeit anschließend als verdächtig – auch weil er seine großen Titel auf der Laufbahn erst seit seinem Wechsel zu Salazar gewann.

„Mein Name wurde durch den Dreck gezogen“, meinte Farah auch in Peking noch einmal. „Aber ich bin nach dieser Sache nach Hause gefahren und habe mich auf das konzentriert, was ich am besten kann: das Laufen. Ich liebe, was ich tue, jeden Tag. Und ich kann nicht alles kontrollieren, nur mein Training.“

Freudentaumel
Mo Farah war der Konkurrenz so überlegen, dass er – zumindest über 5000 Meter – bereits vor dem Ziel seinen Triumph feiern konnte

Prager Glanz

HALLEN-EUROPAMEISTERSCHAFTEN IN PRAG:
Mit sechs Medaillen, darunter eine in Gold für Kugelstoßer David Storl, Platz zwei in der Nationenwertung und 19 Top Acht-Platzierungen gelang dem DLV-Team bei der Hallen-EM in Prag ein starker Auftritt.

SKUPINA ČEZ
PRAHA 2015
EUROPEAN ATHLETICS INDOOR CHAMPIONSHIPS
SPAR
OMEGA
european-athletics.org
DNES
iDNES.cz
polanik

Jetzt auch in der Halle die Nummer eins
Im Freien war David Storl schon Welt- und Europameister, in Prag feierte er seinen ersten internationalen Hallentitel

Sechs Medaillen, Platz zwei in der Nationenwertung: Die deutsche Mannschaft hat sich bei den 33. Hallen-Europameisterschaften in Prag gut verkauft. „19 Top Acht-Platzierungen sind insgesamt die Grundlage dafür, dass wir hier ein deutlich besseres Nationenpunkteergebnis erreichen konnten als bei der letzten Hallen-Europameisterschaft“, zog DLV-Cheftrainer Idriss Gonschinska Bilanz.

Ein Kompliment für ihre Leistungen zollte Idriss Gonschinska den sechs deutschen Medaillengewinnern, allen voran dem neuen Hallen-Europameister David Storl. Der Leipziger Kugelstoßer hatte am Freitagnachmittag das erste EM-Finale mit 21,23 Metern für sich entschieden und seinen ersten internationalen Hallentitel gewonnen. „Er hat die Ziele umgesetzt, die er in der kurzen Vorbereitung hatte“, sagte der DLV-Cheftrainer zum Sieg des Kapitäns des deutschen Teams in Prag. Silber ging aufs Konto von Sprinter Christian Blum (TV Wattenscheid), Mehrkämpfer Arthur Abele (SSV Ulm) und Weitspringerin Sosthene Moguenara (TV Wattenscheid), Bronze sicherten sich über 60 Meter Verena Sailer (MTG Mannheim) und der Wattenscheider Julian Reus.

Dabei hätte die deutsche Medaillenbilanz noch deutlich besser ausfallen können. Über 60 Meter Hürden lief Cindy Roleder in 7,93 Sekunden zwar Bestzeit, doch fehlten der Leipzigerin winzige zwei Tausendstelsekunden, um nach der EM in Zürich erneut Bronze zu gewinnen. Auch Roleders Vereinskamerad Erik Balnuweit wurde in Saisonbestzeit von 7,59 Sekunden Vierter. Ihm fehlten sieben Hundertstel zu Bronze.

Fast Rekord, fast Medaille

Dass der zweitweiteste Satz einer deutschen Dreispringerin in der Halle nicht mit Edelmetall belohnt wurde, ließ bei Kristin Gierisch zunächst die Tränen fließen. Mit 14,46 Metern fehlten der Chemnitzerin vier Zentimeter zu Bronze und ein Zentimeter zum deutschen Hallenrekord von Katja Demut.

Gar nicht reden wollte Homiyu Tesfaye. Der schnellste 1.500-Meter-Läufer der Welt in diesem Winter lief nach Platz vier in Prag ohne anzuhalten durch die Mixed Zone. Der Frankfurter hatte in einem zügigen Finale zunächst eine schlechte Position im Feld, arbeitete sich dann nach vorn und vergeudete bei kleinen Scharmützeln mit dem Tschechen Jakub Ho-

Himmelhoch jauchzend ...
... und zu Tode betrübt. Stabhochspringe Renaud Lavillenie feiert seine 6,04 Meter und Mehrkämpferin Katerina Johnson-Thompson ihre 5000 Punkte. Beide attackierten den Weltrekord. Homiyu Tesfaye (rechts, von oben nach unten) verpasst über 1500 Meter als Favorit eine Medaille knapp

lusa zu viel Energie. In 3:39,08 Minuten fehlten dem 21-Jährigen zwölf Hundertstel zu Bronze. „Ich hätte mir eine andere taktische Option bei Homiyu gewünscht. Er muss noch daran arbeiten, in Hallenrennen den Überblick zu haben", meinte der DLV-Cheftrainer zum Auftritt eines der deutschen Goldkandidaten.

Lavillenie besser als Bubka

Die Fans wurden mit einer Reihe von Weltklasseleistungen belohnt. Für den Höhepunkt der viertägigen Titelkämpfe sorgte Stabhochsprung-Weltrekordler Renaud Lavillenie: Der Franzose katapultierte sich am Samstag über 6,04 Meter und holte sich den vierten EM-Hallentitel in Serie ab. Seine Ein-Mann-Show krönte er mit dem zwölften Sechs-Meter-Wettkampf seiner Karriere und dem sechsten in diesem Winter. Das hat vor ihm nur Sergey Bubka geschafft. Lavillenie scheiterte erst am neuen Weltrekord von 6,17 Metern.

Ebenfalls in die absolute Weltspitze katapultierten sich zwei junge Athletinnen. Über 60 Meter lief Dafne Schippers (Niederlande) trotz schlechtem Start nach 7,05 Sekunden ins Ziel. Es ist die beste Zeit einer Europäerin über diese Strecke seit 2006. Damals war die Russin Mariya Bolikova eine Hundertstel schneller. Als zweite Fünfkämpferin überhaupt sammelte Katarina Johnson-Thompson 5000 Punkte oder mehr. Den Weltrekord verpasste die junge Britin um lediglich 13 Zähler. Den beiden 22 Jahre alten Ausnahmeathletinnen gehört die Leichtathletik-Zukunft.

Doppelt knapp verpasst
Im letzten Versuch flog Kristin Gierisch (links) auf 14,46 Meter. Eine herausragende Leistung, aber doppelt ein bisschen zu kurz: Den deutschen Rekord verpasste sie um einen, die Bronzemedaille um vier Zentimeter

EUROPEAN
INDOOR

Erlösender Flug

WEITSPRUNG: *Lange sprang Sosthene Moguenara bei den internationalen Höhepunkten ihren Vorleistungen hinterher. Bei der Hallen-EM in Prag platzte endlich der Knoten.*

Uli Knapp hat in seiner Trainerkarriere schon viel erlebt. Doch ab und an irrt sich auch ein alter Hase im Weitsprung-Geschäft. „Eine 60er-Weite", raunte der Saarländer Sosthene Moguenara (TV Wattenscheid) nach dem ersten Versuch des Weitsprungs-Finals in Prag zu. Als dann die Weite auf der Anzeigetafel erschien, riss Knapp die Augen weit auf. 6,83 Meter standen auf der Anzeigetafel. „Damit habe ich nicht gerechnet, weil sie am Brett 16 Zentimeter verschenkt hat. Effektiv ist Sosthene also fast sieben Meter weit gesprungen", sagte Knapp. Der Versuch sollte der beste der EM-Vierten von 2012 bleiben, aber zu Silber reichen. Nur die Serbin Ivana Spanovic war mit 6,98 Metern besser.

Rückschläge nicht vergessen

Für den langjährigen Bundestrainer, der die Wattenscheiderin zusammen mit André Ernst auch als Heimtrainer betreut, war der Sprung auf 6,83 Meter eine Art Befreiung. Schließlich ist es die erste internationale Medaille für Deutschlands Weitspringerinnen seit Bianca Kappler vor zehn Jahren. Die Silber-Weitspringerin selbst war nach dem Finale noch überwältigt von ihren Gefühlen. „Ich brauche sicherlich noch eine Zeit, um das zu verdauen", gab sie offen zu. Nach dem Wettkampf war „sie einfach ausgerastet. Da kam alles zusammen." Schon einige Male war die Sieben-Meter-Springerin als Medaillenkandidatin bei internationalen Meisterschaften gestartet. Auf dem Podest war sie allerdings noch nie gelandet.

Vergessen konnte sie die Rückschläge auch am Tag ihres größten internationalen Erfolgs nicht. „Die Misserfolge haben mich fertig gemacht", sagte Sosthene Moguenara, „man kommt an den Punkt, an dem man nicht mehr will. Aber wir haben einiges im Training verändert, ich habe mit einem Psychologen zusammengearbeitet." Es hat sich ausgezahlt. Rückendeckung bekommt sie auch von ihrem Lebensgefährten, dem Stabhochsprung-Weltmeister Raphael Holzdeppe.

Wie beim Stabhochspringer ist auch bei der Weitspringerin der Anlauf oft der Knackpunkt im Wettkampf. Der akribische Arbeiter Knapp misst jeden Anlauf der 25-Jährigen nach. In Prag war dieser exakt 36,15 Meter lang. Viel haben die beiden an der Hüftposition im Anlauf gearbeitet. Kann sie diese aufrecht halten, kontrolliert sie die letzten Schritte vor dem Absprung und trifft das Brett. In früheren Jahren hatte sie damit enorme Probleme. In Prag war das Geschichte.

Im Anflug auf Silber
Obwohl sie bei ihrem besten Sprung 16 Zentimeter verschenkte, gelang Sosthene Moguenara der fünftweiteste Versuch ihrer Karriere

„Ich wollte den Rekord“

SIEBENKAMPF: *Er war jahrelang verletzt. Aber Arthur Abele hat nicht aufgegeben. Im Siebenkampf von Prag blieb der Athlet des SSV Ulm mit 6279 Zählern nur zwölf Punkte unter dem deutschen Hallenrekord und holte sensationell Silber. Im Interview erinnert er sich an den Wettkampf.*

Arthur Abele, das war ein starkes Stückvon Ihnen an den zwei Siebenkampf-Tagen der Hallen-EM. Was ging nach dem Gewinn der Silbermedaille in Ihnen vor?
Ich war einfach erleichtert, so happy. Es waren sensationelle zwei Tage. Mit Aufs und Abs natürlich. Die Nerven lagen irgendwann blank im Kugelstoßen. Aber alles hat wunderbar funktioniert. Es waren sensationelle Hürden: 7,67 Sekunden, das war eine Granate hoch Zehn. Mit den Flügeln geht man dann natürlich weiter in den Stabhochsprung. Leider konnte ich da nicht ganz zeigen, was ich drauf hatte. Ich wäre normalerweise deutlich über fünf Meter gesprungen. So ist das einfach im Wettkampf.

Mit sechs Hallen-Bestleistungen bzw. teilweise auch Gesamtbestleistungen waren es in Prag aber sehr viele Aufs.
Mein letzter Hallen-Wettkampf war schon neun Jahre her. Deshalb hatte man schon erwarten können, dass ich mit einer neuen Bestleistungen abreise. Aber ich habe das Beste daraus gemacht. Am Ende ist es die silberne Medaille geworden. Das ist so geil, der Hammer. Ich habe mich so dermaßen gefreut. Und das Ganze mit Matze Brugger an meiner Seite und mit dem Heimtrainer Christopher Hallmann – eine bessere Konstellation geht einfach gar nicht. Wir haben ein geiles Ding gemacht.

Sie waren auch nur zwölf Punkte unter dem deutschen Hallenrekord. War das ein Ziel?
Ich wollte unbedingt den deutschen Rekord von Frank Busemann knacken. Ich habe auf den 1000 Metern hinten raus noch einmal alles versucht. Es hat leider nicht ganz gereicht. Aber egal: Ich bin Vize-Hallen-Europameister. Was Geileres gibt's nicht.

War diese Silbermedaille in Prag die Belohnung dafür, dass Sie in Ihrer Leidenszeit durchgehalten haben?
Definitiv. Ich war fünf Jahre lang verletzt und habe erst im letzten Jahr international bei der EM in Zürich mein Comeback mit einem fünften Platz gefeiert. Die

Mit Kampfeswillen zurück
Fünf Jahre war Arthur Abele verletzt, immer wieder warfen ihn Probleme zurück. Doch der Ulmer kämpfte sich verbissen zurück – und wurde in Prag belohnt

Vize-Hallen-Europameisterschaft und die Motivation – das ist die Belohnung für die ganze harte Arbeit. Es macht so viel Spaß. Es wird noch lange weitergehen. Wir können uns auf viele neue schöne Momente freuen.

Was können Sie anderen Athleten, die eine ähnliche Verletztenmisere durchleben, mit auf den Weg geben?
Es ist mental schon schwer, wenn man lange verletzt ist. Aber die meisten geben schon nach einem Jahr auf. Das ist eigentlich völlig falsch. Eine Verletzung dauert meistens ein Jahr, bis sie komplett ausgeheilt ist. Dann hat man die Belastungsverträglichkeit natürlich noch nicht und holt sich eine neue Verletzung. Deshalb: Step by Step. Kneift die Arschbacken zusammen. Und wenn es mal zwei Jahre dauert, dann dauert es halt zwei Jahre. Ihr kommt zurück und dann steht Ihr vielleicht da, wo ich in Prag stand.

Erfolgs-Trio

SPRINT: *Im deutschen Sprint lief international lange nicht viel. Die drei Medaillen binnen 20 Minuten bei der Hallen-EM in Prag zeigten, dass wieder etwas geht.*

Der Regisseur in der O2 Arena spielte Verena Sailer einen bösen Streich. Anstatt auf der großen Videowand zu zeigen, ob die Mannheimerin nun Bronze im 60-Meter-Finale gewonnen hatte oder nicht, präsentierte er am Sonntagnachmittag lieber den Zwischenstand im Hochsprung. Immer wieder ging ihr Blick Richtung Videowand. Dann die Erleichterung: Hinter der Ziffer drei erschien ihr Name und die Zeit von 7,09 Sekunden. „Ich bin in den Lauf gegangen, um eine Medaille zu gewinnen", erzählte Sailer später.

Schon im Vorlauf hatte Verena Sailer mit 7,10 Sekunden ihre Top-Form unter Beweis gestellt, im Halbfinale bot sie in 7,08 Sekunden sogar die schnellste Zeit an und schob sich auf Platz fünf der ewigen deutschen Bestenliste. Die vier noch vor ihr liegenden Sprinterinnen trugen allesamt das DDR-Trikot und erzielten ihre Zeiten in der Doping-Hochzeit. Ein Extra-Lob für die drei schnellsten 60-Meter-Zeiten ihrer Karriere gab es von Cheftrainer Idriss Gonschinska: „7,08 Sekunden. Das ist eine Weltklasse-Leistung. Da fehlen nur vier Hundertstel zum deutschen Rekord", sagte der ehemalige Hürdensprinter.

Dass sie ihre Halbfinalzeit im Endlauf nicht noch einmal steigern konnte, war Verena Sailer recht egal. „Wichtig

Teamgeist
Drei deutsche Sprinter im Männer- und eine im Frauenfinale – so erfolgreich waren dei Deutschen noch nie

war die Medaille", sagte die Mannheimerin. Ihre Extraklasse-Form erklärte die 29-Jährige mit einen unerwarteten Umstand: die Fortführung ihres Studiums. „Ich brauche einfach diese Kopfarbeit abseits des Sports", sagte Verena Sailer. Im vergangenen Jahr hatte sie sich noch voll auf den Sport konzentriert, auf ihre Leistungen hatte das eher negative Auswirkungen. Vielleicht deutete sich da aber auch schon an, dass sie nach der WM die Spikes an den Nagel hängen und sich voll auf Studium und Beruf konzentrieren würde.

Mitfavorit verliert die Nerven

Kaum hatte Verena Sailer die Mixed Zone Richtung Siegerehrung verlassen, saßen die Männer zum 60-Meter-Finale in den Startblöcken – und das eine ganze Weile lang. Der Starter ließ sich in der „Fertig-Position" so viel Zeit, dass der mit Abstand jüngste Finalist die Nerven verlor und viel zu früh aus den Startblöcken schoss. Der 20-jährige Brite Chijindu Ujah war den Tränen nahe, als er nach der Disqualifikation aus der Halle geführt wurde.

Die Unachtsamkeit des Briten spielte den drei deutschen Sprintern in die Karten. Schließlich war ein klarer Medaillenkandidat aus dem Rennen. Das nutzten die Wattenscheider Christian Blum und Julian Reus zum Sprint aufs EM-Podest. Hinter dem deutlich enteilten Hallen-Weltmeister Richard Kilty (Großbritannien; 6,51 sec) ging Silber in 6,58 Sekunden an Blum, Bronze in 6,60 Sekunden an Reus. Der von einem Infekt geschwächte Berliner Lucas Jakubczyk wurde in 6,62 Sekunden Sechster. „Es gab Zeiten, da hätten wir uns über einen sechsten EM-Platz über 60 Meter gefreut", ordnete DLV-Cheftrainer Idriss Gonschinska die Leistung des Berliners trotzdem weit oben ein.

Die deutschen Fans in der O2 Arena durften drei Sprintmedaillen binnen 20 Minuten feiern. Eine Glanzleistung bei starker internationaler Konkurrenz. Für die Männer waren es die ersten Medaillen bei einer Hallen-EM seit 1996. Damals war mit Marc Blume ebenfalls ein Wattenscheider als Hallen-Europameister (6,62 sec) aufs Podest gestürmt.

Speziell Christian Blum lieferte im Finale einen starken Lauf ab. Auf der ungünstigen Bahn eins spulte der Deutsche Hallenmeister sein Rennen ab und sicherte sich den bestmöglichen Platz. Zu stark war in Prag Richard Kilty. „Ich habe es schon gern, mittendrin zu laufen. Aber so war der Plan, dass ich mich mit keinem beschäftigen muss und mein Rennen laufen kann", sagte Christian Blum. Mit der Hallensaison ist der Wattenscheider mehr als zufrieden: „Das war eine perfekte Hallensaison, mit allem, was man sich überhaupt vorstellen konnte."

Probleme überwunden

Julian Reus zog ebenfalls ein zufriedenstellendes Hallenfazit: „Ich bin überrascht, aber umso geiler ist es, jetzt mit einer Medaille dazustehen. Das entschädigt für die viele Zeit, die man beim Arzt oder Physio verbracht hat." Der deutsche 100-Meter-Rekordler hatte zu Beginn des Winters mit Problemen an der Kniekehle zu kämpfen, war aber beim wichtigsten Rennen des Winters topfit. Als er dann in Prag im Ziel war, hatte er ein gutes Gefühl: „Christian auf der Nachbarbahn war knapp vor mir. Als er dann mit Silber auf der Anzeige stand, wusste ich: Es kann bei mir auch nicht so schlecht gewesen sein." Sein gutes Gefühl wurde schnell bestätigt. Anders als bei Verena Sailer wurde das Ergebnis sehr schnell eigeblendet und die drei deutschen Sprintmedaillen binnen 20 Minuten waren perfekt.

EUROPEAN
ATHLETICS
CHEBOKSARY 2015
GERMANY
SPAR

Drittes Silber

TEAM-EM IN CHEBOKSARY: *Den Vorjahressieg von Braunschweig konnte das deutsche Team bei der Team-EM in Cheboksary zwar nicht wiederholen. Sechs Einzelsiege und zahlreiche weitere gute Ergebnisse reichten „in der Höhle des Löwen“ aber zum dritten Mal nach 2011 und 2013 zu Silber.*

Bis zum Schluss tapfer gekämpft, aber dann doch deutlich verloren: In der „Höhle des Löwen" haben den deutschen Leichtathleten 22 Punkte zur Titelverteidigung bei der Team-Europameisterschaft gefehlt. Gastgeber Russland wurde am sonnigen Sonntag in Cheboksary seiner Favoritenrolle gerecht und etablierte sich mit 368,5 Zählern schon zum vierten Mal seit 2010 als Nummer 1 in Europa. Hinter den Russen, die sich am zweiten Tag mächtig steigerten, und Deutschland (346,5) landete Frankreich mit 319,5 Punkten auf Platz drei.

„Die Mannschaft hat Teamgeist gezeigt und am Ende hinter Russland Platz zwei belegt. Alle haben bis zum letzten Wettbewerb für den Erfolg gekämpft, auch wenn nicht alle Erwartungen aufgegangen sind", sagte Cheftrainer Idriss Gonschinska. Das russische Team sei nur schlagbar, wenn alles zu hundert Prozent funktioniere und noch die ein oder andere Überraschung hinzukomme. „Insofern denke ich, wir können hier zufrieden sein." Gerade der Mix aus arrivierten und jungen Athleten habe sehr gut funktioniert.

Russen mit starkem Endspurt

Das Duell der favorisierten Gastgeber mit dem Titelverteidiger blieb fast bis zum Schluss richtig spannend – erst mit dem Sieg des russischen Frauen-Quartetts über 4x400 Meter war die Entscheidung gefallen. Die zuletzt in viele Dopingskandale verwickelte „Sbornaja" sicherte sich den vierten EM-Titel auch dank eines starken Endspurts.

Auch ohne Diskus-Ass Robert Harting, der nach seinem Kreuzbandriss noch nicht wieder in Form war, boten seine Teamkollegen zwei Monate vor den Weltmeisterschaften in Peking eine starke Vorstellung. Einzelsiege feierten im Stadion Olimpijskij die Kugelstoß-Europameister Christina Schwanitz und David Storl, 3000-Meter-Mann Richard Ringer, Gesa Felicitas Krause über die Hindernisse, Silke Spiegelburg im Stabhochsprung und Christina Obergföll mit dem Speer. „Ich bin überglücklich", jubelte Silke Spiegelburg, die im Vorjahr wegen einer Verletzung nicht an den Europameisterschaften hatte teilnehmen können. „Ich habe am ganzen Körper Gänsehaut bekommen."

Maren Kock überraschte als Zweite über 3000 Meter. Auch Dreispringerin Kristin Gierisch landete auf Rang zwei. „Ich freue mich natürlich über die Weite von 14,46", sagte sie. „Wichtig sind die elf Punkte für die Mannschaft. Ich habe das Beste herausgeholt." Auch Sven Knipphals, Dritter über 100 Meter, hat sein Ziel erreicht. „Das Rennen selber war mittelmäßig. Aber ich hab‘ zehn Punkte geholt, Platz drei hatte ich mir auch vorgenommen", sagte der Wolfsburger. Am Ende reichten sechs Einzelsiege, fünf zweite und sechs dritte Plätze aber nicht, um den Coup von Braunschweig aus dem Vorjahr zu wiederholen.

Lavillenie mit Problemen

Stabhochsprung-Weltmeister Raphael Holzdeppe hätte seinen Dauerrivalen Renaud Lavillenie diesmal richtig ärgern können, weil der Franzose bei zwei Fehlversuchen anfangs schwächelte. Am Ende war die Sprung-Ordnung aber wieder hergestellt: Olympiasieger Lavillenie gewann mit 5,85 Metern, Holzdeppe sprang zwar genauso hoch, musste sich trotz Saisonbestleistung aber mit Rang zwei zufrieden geben. „Es geht Stück für Stück nach oben", kommentierte der spätere WM-Zweite aus Zweibrücken, „ich bin im Endeffekt wunschlos glücklich und konnte mit elf Punkten dem Team gut helfen."

Nach vier Erfolgen bei Team-Europameisterschaften riss die Siegesserie von Teamkapitänin Betty Heidler. Die ehemalige Hammerwurf-Weltrekordlerin aus Frankfurt/Main haute im letzten Versuch zwar noch 75,73 Meter raus und lag urplötzlich vorn, doch die Polin Anita Wlodarczyk konterte nervenstark: 78,28 Meter. „Es macht mich stolz, diese Mannschaft zu vertreten. Wir sind in der Höhle des Löwen", hatte Heidler schon vor dem Start gesagt. Vor einem Jahr hatten sich die Deutschen in Braunschweig noch mit 11,5 Punkten vor Russland als Nummer 1 in Europa behauptet.

Mit Sieg zurück
Als ihre Mannschaftskameraden im Jahr zuvor bei der Team-EM gewannen, brachte Christina Obergföll am gleichen Wochenende Söhnchen Marlon zur Welt. Diesmal trug sie mit ihrem Disziplinsieg zum zweiten Platz der Mannschaft bei

Jubel beim Sieg-Comeback
2014 musste Silke Spiegelburg die Saison vorzeitig beenden. Jetzt feierte sie mit einem Einzelsieg bei der Team-EM ein gelungenes Comeback

Mit Spaß dabei
Jennifer Oeser feierte ihre starken Leistungen, die sie nicht einmal ein Jahr nach der Geburt ihres Sohnes schon wieder abrufen konnte

Tolles Comeback

MEHRKAMPF: *Jennifer Oeser und Michael Schrader standen beim Mehrkampfmeeting in Ratingen im Mittelpunkt. Die Siebenkämpferin qualifizierte sich rund neun Monate nach der Geburt von Söhnchen Jakob für die WM, der Zehnkämpfer glänzte mit 8419 Punkten.*

Blendender Auftritt von Michael Schrader, glänzendes Comeback von Jennifer Oeser. Mit 8419 Punkten lag der Zehnkämpfer bei der WM-Qualifikation vor dem Südafrikaner Willem Coertzen (8341) und Pascal Behrenbruch.

Dem Ex-Europameister aus Frankfurt reichten die 7825 Zähler nicht für ein WM-Ticket, machten ihm aber Lust, seine Karriere bis zu den Olympischen Spielen 2016 in Rio de Janeiro fortzusetzen. „Ich habe hier wieder Spaß bekommen und werde nächsten Jahr wieder oben angreifen“, kündigte Behrenbruch an. Eine imponierende Rückkehr in die Siebenkampf-Weltspitze feierte nach einer Babypause Jennifer Oeser.

WM als i-Tüpfelchen

Mit 6306 Punkten sicherte sich die 31 Jahre alte Leverkusenerin, die Anfang Oktober 2014 ihren Sohn Jakob zur Welt brachte, den Startplatz bei der WM in China. Hinter der Niederländerin Anouk Vetter (6387) und vor der Frankfurterin Claudia Rath (6290) wurde sie Zweite. „Ich freue mich riesig. Viele haben damit nicht gerechnet – und ich auch nicht. Die WM-Qualifikation ist nur das i-Tüpfelchen“, sagte Oeser. „Ich wollte dieses Jahr national wieder anknüpfen, um mir eine gute Ausgangsposition für nächstes Jahr zu verschaffen. Ich habe immer gesagt: Wenn es mit der WM klappt, nehme ich das mit und freue mich. Aber wenn es nicht geklappt hätte, wäre es fürs Erste auch okay gewesen.“

Die WM voll im Blick ...
... hatte Michael Schrader schon in Ratingen, wo er sich in blendender Verfassung präsentierte

Starker Auftritt

Viel Anerkennung verdiente sich Michael Schrader, der die 8415 Punkte von der ersten WM-Ausscheidung in Götzis in Ratingen sogar um vier Zähler übertraf. „Vor dem Speerwurf war ich sogar 100 Punkte drüber, aber ich hatte Probleme mit dem Wurfarm", meinte der Athlet vom SC Hessen Dreieich, der nur einen Versuche machte. „Die beiden Versuche hebe ich mir für die WM auf."

Schwarzkopf muss aufgeben

Begeistert war der Leitende Bundestrainer Idriss Gonschinska vom Auftritt Schraders. „Man hat gesehen, was möglich ist, wenn Michael konzentriert in den Wettkampf geht", meinte er.

Zum zweiten Mal hintereinander verpasste Lilli Schwarzkopf eine WM. Nach dem olympischen Silbergewinn 2012 hatte sie sich die Achillessehne gerissen. In diesem Jahr machte ihr eine Bronchitis einen Strich durch die WM-Rechnung, deren Folgen sie auch in Ratingen beeinträchtigten. „Es wäre ein zu großes Risiko für meinen Körper", begründete sie den Verzicht auf den abschließenden 800-Meter-Lauf. „Ich wollte meine Chance nützen, doch dazu reichte die Kraft nicht."

Neuanfang
In Ratingen blieb Pascal Behrenbruch (rechts) unter seinen Möglichkeiten. Für Olympia in Rio plant er einen Neustart

Rekord-verdächtig

DEUTSCHE MEISTERSCHAFTEN: *Ein stimmungsvoller Weitsprung-Wettbewerb auf dem Nürnberger Hauptmarkt, beinahe ein deutscher Rekord durch Raphael Holzdeppe, ein Jugendrekord durch Alina Reh und zahlreiche starke Leistungen – Nürnberg erlebte rundum gelungene Deutsche Meisterschaften.*

Die Siege der Kugelstoß-Asse Christina Schwanitz und David Storl waren bei den Deutschen Meisterschaften in Nürnberg unbestritten. Einen Monat vor den Weltmeisterschaften in Peking gewann das starke Duo souverän. Unangefochten setzte sich der zweimalige Weltmeister Storl vor 22.450 Zuschauern mit 21,47 Metern durch. „Der Zustand der Sehne ist wesentlich schlechter als vor der Operation“, klagte der Leipziger aber nach seinem Wettkampf über Knieprobleme. Der 24-Jährige hatte sich nach der vorangegangenen Saison einem Eingriff an der entzündeten Patellasehne unterzogen. „Ich kriege regelmäßig Spritzen, das ist nicht schön“, sagte der Europameister. Damit riskiere er auf Dauer seine Gesundheit. Der Arzt habe ihm zu einer erneuten Operation geraten. „Dann könnte ich aber bei den Olympischen Spielen nicht starten“, erklärte er sein Dilemma.

Harting jubelt von der Tribüne

Diskuswurf-Weltmeister Robert Harting schaute nach seinem Kreuzbandriss im September 2014 nur zu – und jubelte auf der Tribüne: Seine Freundin Julia Fischer holte erstmals den Titel im Diskusring. Mit 65,98 Metern gewann die Berlinerin vor der früheren WM-Zweiten Nadine Müller aus Leipzig (65,72 m). „Gerade bei so einer Konkurrenz Deutsche Meisterin zu werden, das ist eine Ehre. Es ist so ein harter Kampf bei uns“, sagte Fischer. Bei den Männern blieb der Titel in der Harting-Familie: Roberts fünf Jahre jüngerer, aber sechs Zentimeter größerer Bruder Christoph besiegte mit 64,06 Metern in einem packenden Zweikampf den Magdeburger Martin Wierig (63,55 m).

Knapp am Rekord vorbei

Souverän und selbstbewusst präsentierte sich Kugelstoß-Europameisterin Christina Schwanitz vom LV 90 Erzgebirge. Als Weltjahres-Beste mit 20,77 Metern angereist, ließ die 29-Jährige der Konkurrenz mit genau 20 Metern keine Chance. Und auch Stabhochspringer Raphael Holzdeppe jubelte ausgelassen nach einem Satz über 5,94 Meter. Danach scheiterte er nur knapp am deutschen Rekord von 6,02 Metern. Der Weltmeister durfte sich erstmals als Deutscher Freiluft-Meister feiern lassen. Nach einer ungemein schwierigen Hallensaison war der 25-Jährige aus Zweibrücken rechtzeitig vor der WM wieder obenauf

Bei den starken deutschen Speerwerferinnen schlug Katharina Molitor Weltmeisterin Christina Obergföll, die ein

Jubiläumssieg
Zum zehnten Mal hieß die Hammerwurfsiegerin Betty Heidler. Ihre Nürnberger Siegesweite von 75,34 Metern hätte bei der WM für Bronze gereicht. Dort flog der Hammer aber nur 72,56 Meter weit

Jahr nach der Geburt von Sohn Marlon wieder auf einem Top-Niveau ist. Die Leverkusenerin Molitor siegte mit 65,40 Metern vor der Offenburgerin (64,11 m). Die Olympia-Dritte Linda Stahl aus Leverkusen wurde Dritte mit 62,57 Metern.

Wie Storl, Schwanitz, Holzdeppe und die Speerwerferinnen präsentierte sich auch Hammerwerferin Betty Heidler als eine heiße Medaillenkandidatin für Peking – auch wenn sie das in Peking später nicht bestätigen konnte. Die frühere Weltrekordlerin setzte sich in Nürnberg mit 75,34 Metern klar durch, revanchierte sich für die Vorjahres-Niederlage gegen Kathrin Klaas und holte ihren zehnten Titel.

Reus holt den Hattrick

Sprint-Ass Julian Reus machte den Titel-Hattrick perfekt und verpasste seinen deutschen Rekord im Vorlauf nur um vier Hundertstel. Mit 10,12 Sekunden im 100-Meter-Finale setzte sich der 27-Jährige aus Wattenscheid souverän durch. Bei den Frauen eroberte die Mannheimerin Verena Sailer in 11,20 Sekunden ihr achtes Gold im Kurzsprint. Eine Wachablösung gab es über 5000 Meter der Frauen, wo Dauer(b)rennerin Sabrina Mockenhaupt (16:10,16 min) von der erst 18 Jahre alten Alina Reh (15:51,48 min) besiegt wurde. Reh rannte damit einen neuen deutschen Jugendrekord.

EM-Medaille für Esser

Einen besonderen Abschied vom Leistungssport feierte Hammerwerfer Markus Esser, der nachträglich mit der Bronzemedaille für die Leichtathletik-EM 2006 geehrt wurde. Die Plakette erhielt der 35-Jährige aus den Händen von DLV-Präsident Clemens Prokop. „Ich finde diesen Tag und diesen Moment einfach unfassbar toll“, sagte der achtmalige Deutsche Meister aus Leverkusen. Der in Göteborg viertplatzierte Esser rückte auf den EM-Bronzeplatz vor, weil ein weißrussischer Konkurrent nachträglich wegen Dopings disqualifiziert wurde.

Bei seinen letzten Deutschen Meisterschaften musste sich „Mr. Hammer“ erstmals seit sechs Jahren wieder geschlagen geben. Der acht Jahre jüngere Alexander Ziegler von der LG Staufen holte sich mit 73,91 Metern seinen ersten Titel. „Wir haben heute gesehen: Die Wachablösung ist da“, meinte Esser, mit 72,32 diesmal Zweiter. „Das ist der richtige Zeitpunkt, allen Danke zu sagen – das war's. Dankeschön!“, rief Esser zu Tränen gerührt.

Bereits am Freitagabend waren die Deutschen Meisterschaften auf dem

Ungewohnte Position
Nicht im Diskuswurfring, sondern auf der Tribüne war dieses Mal Robert Harting zu finden. Nach einem Kreuzbandriss im Vorjahr war er noch nicht wieder fit

Auf Wiedersehen!
Nach acht deutschen Meistertiteln gewann Hammerwerfer Markus Esser diesmal Silber – und feierte seinen Abschied aus dem Leistungssport

Nürnberger Hauptmarkt feierlich eröffnet worden. Nachdem im vergangenen Jahr vor dem Ulmer Münster die Kugelstoßer im Mittelpunkt gestanden hatten, waren es diesmal die Weitspringer, die außerhalb der Stadion-Wettbewerbe ganz besonders in Szene gesetzt wurden.

Rehm wieder am weitesten

Dabei setzte sich bei den Frauen Lena Malkus durch. Die 21-Jährige aus Münster gewann mit 6,74 Metern vor 4000 Zuschauern auf einem Anlaufpodest in der Innenstadt. Sosthene Moguenara aus Wattenscheid wurde mit 6,65 Metern Zweite vor der Hamburgerin Nadja Käther (6,56 m). Bei den Männern setzte sich der ebenfalls erst 21 Jahre alte Tübinger Fabian Heinle mit 8,03 Metern gegen Alyn Camara aus Leverkusen (7,97 m) durch. Weiter als beide flog der Leverkusener Prothesen-Springer Markus Rehm (8,11 m), der allerdings außer Wertung startete.

Zurück im Stadion
Im Vorjahr war Speerwerferin Christina Obergföll mit ihrem wenige Wochen alten Baby Marlon nur DM-Zuschauerin gewesen. Dieses Mal gewann sie schon wieder Silber

Die Königin entthront

5000 METER: *Seit Jahren rennt Sabrina Mockenhaupt der Konkurrenz bei Deutschen Meisterschaften auf und davon. Bis Nürnberg. Dort traf sie auf die erst 18 Jahre alte Alina Reh – schon lange eines der größten Talente im DLV. Die Doppel-U20-Europameisterin rannte "Mocki" davon und stürmte zu einem neuen deutschen Jugendrekord.*

Alina Reh blickte ziemlich überrascht auf die Journalistenschar, die sich vor ihr aufbaute. „Oh Gott, oh Gott. So viele Menschen!", sagte die Läuferin nach ihrem mühelosen Sieg über 5000 Meter. Sabrina Mockenhaupt, die Seriensiegerin auf allen möglichen Laufstrecken in den vergangenen mehr als zehn Jahren, huschte vorbei. Wie die gerade erst 18 Jahre alte Reh die Dauerbrennerin so klar abgehängt hatte, war eine der dicken Überraschungen bei den Deutschen Leichtathletik-Meisterschaften in Nürnberg. Und ein Zeichen für die Zukunft.

„Mit Alina Reh haben wir eine Läuferin, die die nächsten zehn, zwanzig Jahre die Szene beherrschen wird", prophezeite Mockenhaupt über ihre fast halb so alte Rivalin. Der Lockenkopf von der Schwäbischen Alb rannte in 15:51,48 Minuten deutschen Jugendrekord und dem Feld von der ersten Runde an auf und davon.

Das Vorbild besiegt

Sie ließ auch die 34-jährige Sabrina Mockenhaupt (LG Sieg), die in den vergangenen 14 Jahren nur ein einziges Mal auf dieser Distanz den Titel nicht gewonnen hatte, keine Chance. „Mocki" hatte nach einer Fußoperation zwar Trainingsrückstand, doch die Wachablösung war unübersehbar.

Reh gilt schon länger als Juwel. Am Wochenende vor den Deutschen Meisterschaften hatte sie bei der U20-EM in Schweden über 3000 und 5000 Meter Gold abgeräumt. Jetzt lief sie ihr erstes Freiluft-Meisterschaftsrennen bei den Aktiven, zum ersten Mal gegen ihr Vorbild Mockenhaupt („Ich habe immer davon geträumt") – und ließ ihr keine Chance. Die WM im August in Peking stand nie auf dem Plan bei Reh, dafür ist sie noch nicht schnell genug. „Ich dachte, dass dieses Jahr eines sein würde, wo mal nicht so viele Erfolge eintreten", sagte Reh.

Der Traum von Olympia

„Hut ab!", sagte Mockenhaupt über den Auftritt ihrer jungen Konkurrentin. „Die ist noch schüchtern. Aber das wird sich ändern." Reh startet für den TSV Erbach, größere Clubs werben bereits um die Gymnasiastin. „Ich bin sehr heimatverbunden. Momentan möchte ich überhaupt nicht weg. Ich wohne noch bei meinen Eltern", erklärte sie.

„Alina hat eine hohe Bewegungsbegeisterung und eine enorme Belastungsbereitschaft", sagte ihr Trainer Michael Schwenkedel. In der Woche läuft sie um die 100 Kilometer. Mit zehn hatte sie ihr erstes Frauenrennen gewonnen, irgendwann will sie unbedingt zu Olympia. Davor muss die zartgliedrige Läuferin aber lernen, ihre Ellbogen einzusetzen. „Ich mag es überhaupt nicht, im Feld zu laufen", räumte Reh ein. Bislang lief sie praktisch immer alleine vorneweg.

Seriensiegerin und Nachfolgerin? Sabrina Mockenhaupt (rechts) bestimmt seit Jahren das Geschehen auf der Langstrecke in Deutschland. In Alina Reh könnte sie nun eine würdige Nachfolgerin gefunden haben

„Alina Reh wird die nächsten zehn, zwanzig Jahre die Szene beherrschen.“

Dieses Lob gab es von der vielmaligen Deutschen Meisterin Sabrina Mockenhaupt für Nachwuchstalent Alina Reh

Testlauf für mehr

DEUTSCHE HALLENMEISTERSCHAFTEN IN KARLSRUHE: *Aus der Not entstehen manchmal die besten Ideen. Wegen Brandschutz-Problemen in der Karlsruher Europahalle mussten die Deutschen Leichtathletik-Meisterschaften in die Messehalle umziehen. Die Meisterschaften auf der extra verlegten Bahn begeisterten so, dass nun auch eine Bewerbung um eine Hallen-EM nicht ausgeschlossen ist.*

Kugelstoß-Ass David Storl war beim Comeback gleich wieder der Chef im Ring, Weltmeister-Kollege Raphael Holzdeppe sprang im Winter allerdings noch seiner WM-Form von 2013 hinterher. Völlig verunsichert vergab der Stabhochspringer vom LAZ Zweibrücken bei den Deutschen Hallen-Meisterschaften in Karlsruhe seine letzte Chance, sich doch noch für die Leichtathletik-EM in Prag zu qualifizieren.

Vor 4600 Zuschauern in der ausverkauften Messehalle 2 enttäuschte der 25-Jährige auch bei seinem vierten Hallenauftritt in Serie: Nach dem „Salto nullo" bei seiner Anfangshöhe von 5,35 Metern packte der spätere WM-Zweite von Peking frustriert seine Stäbe ein und saß teilnahmslos auf einer Bank. „Im Moment ist leider der Wurm drin. Ich versuche, das im Training aufzuarbeiten", erklärte Holzdeppe, der dann alles auf die Sommersaison setzte. Mit Erfolg, wie er später sehen sollte, schließlich sprang er in Peking zu Silber. Seinen ersten Hallentitel sicherte sich der Leverkusener Tobias Scherbarth mit 5,70 Metern.

Starker Stoßer Storl

Storl avancierte nach seinem beachtlichen Saisondebüt mit Meistertitel und europäischer Jahresbestleistung zum heißen Goldkandidaten für die Hallen-EM in Prag. 156 Tage nach seiner Knie-Operation düpierte der 24-Jährige die Konkurrenz. „Fünf gültige Versuche und der letzte mit 21,26 Metern – ich bin total zufrieden", sagte der Leipziger. In der „goldenen Stadt" holte er wenig später sein erstes internationales Gold unterm Hallendach.

Mittelstrecken-Ass Homiyu Tesfaye aus Frankfurt holte sich seinen dritten Titel über 1500 Meter in 3:41,68 Minuten. Erst drei Tage zuvor hatte der gebürtige Äthiopier den deutschen Hallenrekord in Stockholm zum zweiten Mal in diesem Winter verbessert – auf 3:34,13 Minuten. Zugleich Weltjahres-Bestzeit „Die Nummer eins in der Welt muss bei Deutschen Meisterschaften gewinnen", meinte er lachend.

In einem packenden Sprintfinale hatte der Wattenscheider Christian Blum seinen Titel in 6,57 Sekunden verteidigt und den 27 Jahre alten 60-Meter-Rekord von Sven Matthes nur um vier Hundertstel verpasst. Der Berliner Lucas Jakubczyk (6,58 sec) und Blums Clubkollege Julian Reus (6,61 sec) belegten die weiteren Plätze. Bei den Frauen setzte Verena Sailer ihre Siegesserie fort. Die frühere Freiluft-Europameisterin stellte im 60-Meter-Finale in 7,12 Sekunden ihre persönliche Bestzeit ein – schon wenig später bei der EM in Prag war diese Marke allerdings Geschichte. Es war der schon siebte Titel für die Mannheimerin seit 2008. Ihr Motto: „Einfach Vollgas – durch!" Freu-

Einen Lauf ...
... hatte Homiyu Tesfaye in der Hallensaison. Zweimal verbesserte er den deutschen Rekord über 1500 Meter bis auf 3:34,13 Minuten, bei der Hallen-DM gelang ihm die erfolgreiche Titelverteidigung. Im Sommer musste er wegen Verletzungssorgen passen

Das Triple geschafft
In der Halle ist er ein absoluter Dauer-(b)renner: Hürdensprinter Erik Balnuweit rannte in Karlsruhe schon zu seinem dritten Titel in Folge

dentränen vergoss Sailers Vereinskollegin Alexandra Burghardt nach Platz zwei in 7,24 Sekunden und der erfüllten EM-Norm.

Beide Titel im 60-Meter-Hürdensprint gingen zum LAZ Leipzig: Erik Balnuweit durfte sich sogar über einen „Hattrick“ freuen – der Meister von 2013 und 2014 gewann diesmal in 7,65 Sekunden. Seine Clubkollegin Cindy Roleder flog über die fünf Hürden und stürmte in 7,99 Sekunden ins Ziel. Einen Coup landete Kugelstoßerin Lena Urbaniak: Die 22-Jährige von der LG Filstal gewann in Abwesenheit von Freiluft-Europameisterin Christina Schwanitz mit persönlicher Bestleistung von 17,79 Metern ihren ersten Titel. „Ich hab’ schon vor dem letzten Versuch so gezittert und mich so gefreut. Das ist so etwas wie ein kleiner Traum“, sagte Urbaniak.

Karlsruhe bereit für Hallen-EM

Für die Deutschen Meisterschaften hatten der Deutsche Leichtathletik-Verband und die Stadt mit einem Aufwand von über einer Million Euro in der Messehalle von Rheinstetten die Bahn der Hallen-EM 2013 von Göteborg einbauen lassen. Sie war auch für das Meeting am 31. Januar und regionale Meisterschaften genutzt worden. Die Anlage erworben hat die Stadt, sie soll künftig in Kooperation mit dem DLV vermarktet werden.

Die Nordbadener waren quasi zum Umzug in die Messehalle gezwungen worden: Die Europahalle, die eigentliche Leichtathletik-Arena, ist wegen Brandschutz-Problemen für Großveranstaltungen gesperrt. Nachdem sich der Umzug aber als Glücksfall entpuppte, denken DLV und die Stadt Karlsruhe nun über einen noch größeren Coup nach: Der Deutsche Leichtathletik-Verband will die Hallen-Europameisterschaft 2021 nach Karlsruhe holen. „Dieses Event ruft nach mehr“, sagte Präsident Clemens Prokop am Rande der nationalen Titelkämpfe. „Warum nicht eine Bewerbung für eine Hallen-Europameisterschaft? Mit dieser Bahn, dieser Messehalle, dieser Infrastruktur, dieser Tradition.“

Eine Leichtathletik-Anlage entsteht
Was zunächst noch eine kahle Messehalle ist, wird im Januar innerhalb von gut zwei Wochen zu einer schmucken Leichtathletik-Halle umgebaut

Den anderen entflogen

BERLIN FLIEGT!: *Bei der fünften Auflage von „Berlin fliegt!“ am Brandenburger Tor verbuchte das deutsche Team den vierten Sieg. Diesmal mit einer Rekordpunktzahl.*

Punktegarant
Mit 15 Punkten sammelte Weitspringer Fabian Heinle die meisten Zähler im deutschen Team und holte fast die Maximalpunktzahl

Gastgeber Deutschland hat souverän den Länderkampf „Berlin fliegt!" gewonnen und sich damit schon zum vierten Mal den Sieg gesichert. Die Deutschen Weitsprungmeister Lena Malkus (SC Preußen Münster) und Fabian Heinle (LAV Stadtwerke Tübingen) sowie Stabhochspringer Tobias Scherbarth (TSV Bayer 04 Leverkusen) sammelten 36,5 Punkte für das Team des Deutschen Leichtathletik-Verbandes. Das DLV-Trio landete damit vor den USA (28), Russland (23) und Frankreich (18,5). Bei der fünften Auflage der Veranstaltung gewann Deutschland mit Rekordpunktzahl.

Vor 3500 Zuschauern am Brandenburger Tor kratzte Heinle, mit 21 Jahren der Jüngste im DLV-Team, mit 7,99 Metern an der Acht-Meter-Marke. Weiter als der WM-Teilnehmer flog nur der US-Amerikaner Marquis Dendy – dessen 8,31 Meter sind Rekord in der fünfjährigen Geschichte der Veranstaltung. „Die Stimmung ist besser, weil die Zuschauer näher an der Anlage stehen", sagte Heinle. „Es könnte kaum besser sein mit dem Wind, man ist schnell und muss nicht viel machen."

Scherbarth schaffte mit 5,55 Metern die beste Leistung im Stabhochsprung. „Ich bin stolz, ein Teil dieses Teams gewesen zu sein, das ist ein toller Moment in meiner Karriere", sagte der WM-Siebte. Auch Weitspringerin Malkus, mit 6,31 Metern Tages-Zweite hinter der Amerikanerin Janay DeLoach (6,45 m), war begeistert: „Ich war super aufgeregt vor dem ersten Sprung. Es ist etwas ganz anderes, im Team zu starten."

Bei freiem Eintritt erlebten die Zuschauer vor der besonderen Kulisse in der City wieder ein besonderes Sport-Spektakel. Unter den Fans am Brandenburger Tor waren auch Weitsprung-Olympiasiegerin Heike Drechsler und Kugelstoßer David Storl, in Peking WM-Zweiter.

Beim Länderkampf zählte jeder Sprung; nach jedem der vier Durchgänge wurden entsprechend der Reihenfolge vier Punkte bis zu einem Zähler vergeben. Ungültige Versuche brachten keinen Punkt. So sammelte Fabian Heinle beispielsweise 15 Punkte: In drei Durchgängen verbuchte er als bester der vier Weitspringer drei Zähler, nur im letzten Versuch wurde er vom US-Amerikaner Marquis Dendy übertroffen.

Abgehoben
Stabhochspringer Tobias Scherbarth gelang der höchste Flug

Rekord-Punktzahl vor historischer Kulisse
Stabhochspringer Tobias Scherbarth und die Weitspringer Lena Malkus und Fabian Heinle sammelten vor den Brandenburger Tor so viele Punkte wie kein Team zuvor

Zuschauermagnet
3500 Zuschauer auf den Tribünen, dazu zahlreiche Zaungäste – das Event am Brandenburger Tor begeisterte wieder einmal

Krönendes Finale

ISTAF: *Am Ende einer anstrengenden Saison bot das Berliner ISTAF den Stars noch mal die Chance zum Schaulaufen. Viele nutzten die, um das Publikum noch einmal mit herausragenden Leistungen zu beeindrucken.*

Toll inszeniertes Meeting
Mit eindrucksvollen Effekten wie Feuerfontänen wurden beim ISTAF die Leistungen der Athleten richtig in Szene gesetzt

Mit zwei umjubelten Heimspiel-Siegen haben sich die deutschen Leichtathletik-Asse nach einer heißen Saison im kalten Berlin von ihren Fans verabschiedet. Kugelstoß-Weltmeisterin Christina Schwanitz und Hammerwerferin Kathrin Klaas ließen beim ISTAF die gesamte Konkurrenz hinter sich und konnten den wohlverdienten Urlaub antreten. Von den fünf Peking-Weltmeistern, die am Start waren, waren am Ende nur Schwanitz und Polens Diskus-Ass Piotr Malachowski auch im Olympiastadion erfolgreich. Kugelstoß-Hüne David Storl wurde beim traditionsreichen Stadionfest wie bei der WM in Peking Zweiter.

Als ganz zum Schluss die Hymne „Time to Say Goodbye“ erklang, hatte Sprinterin Verena Sailer ihre Karriere mit einem fünften Platz beendet. Die 29-Jährige aus Mannheim kam in ihrem letzten 100-Meter-Rennen in 11,37 Sekunden ins Ziel. Sie will sich künftig voll auf ihr Studium und ihren künftigen Beruf konzentrieren. Sprint-Siegerin wurde die WM-Vierte Candyce McGrone aus den USA in 11,11 Sekunden.

Schwanitz mühelos

Ohne große Mühe hakte Schwanitz ihren sechsten Sieg in Serie ab. Die 29-Jährige vom LV 90 Erzgebirge setzte sich mit 19,66 Metern klar gegen das US-Duo Michelle Carter (19,19 m) und Tia Brooks (18,31 m) durch. An ihre Jahresweltbestleistung von 20,77 Metern kam Schwanitz aber nicht mehr heran. „Man kann nicht immer 20 Meter stoßen. Der Wille ist da, aber die Luft ist ein bisschen raus“, sagte die Welt- und Europameisterin. „21 Meter wären schon mal geil.“ Dafür waren die Bedingungen im Olympiastadion aber diesmal nicht optimal. „Der Ring war verdammt glatt. Man hatte Angst, sich weh zu tun.“

Stabhochsprung-Weltmeister Shawnacy Barber (Kanada) wurde mit 5,64 Metern beim Sieg des Polen Piotr Lisek (5,74 m) Dritter, Raphael Holzdeppe Fünfter (5,44 m). Speerwerferin Katharina Molitor landete auf dem zweiten Rang. 800 Meter-Weltmeisterin Marina Arzamasova aus Weißrussland auf Platz drei hinter Fabienne Kohlmann, die ihre persönliche Bestzeit erneut unterbot und mit 1:58,34 Minuten hoffnungsvoll ins Olympia-Jahr gehen kann.

Das hat auch Diskuswerfer Robert Harting vor, der nach fünf ISTAF-Siegen in Serie (2010 bis 2014) diesmal nur eine Grußbotschaft an seine Fans richten konnte. Der Publikumsliebling hatte abgesagt, um nach seinem Kreuzbandriss

Klaas gibt wieder Gas
Eine Fehlstellung in der Hüfte bremste Kathrin Klaas lange aus. Nachdem das Problem behoben wurde, gab die Frankfurterin im Ring wieder Gas und gewann beim ISTAF

mit Blick auf die Olympischen Spiele 2016 Rio nichts zu riskieren. Sein jüngerer Bruder Christoph vertrat ihn hervorragend: Mit 65,15 Metern musste sich Harting II. nur Top-Favorit Malachowski (66,13 m) geschlagen geben.

Molitor ist platt

Hammerwerferin Kathrin Klaas legte eine Superserie hin und gewann mit 72,09 Metern. Ihre Frankfurter Vereinskollegin und Dauerrivalin Betty Heidler hatte wegen einer Erkrankung kurzfristig abgesagt. Katharina Molitor fehlten 2,05 Meter zum Sieg. Die 31-Jährige aus Leverkusen musste sich mit 61,19 Metern nur Margarita Doroshon aus Israel geschlagen geben. Die gebürtige Ukrainerin gewann die Konkurrenz mit 63,24 Metern. Nach der WM in Peking und einem Start bei der Diamond League in Zürich war Molitor diesmal beim dritten Wettkampf binnen einer Woche „etwas platt" und gab zu: „Dass hier keine Bestweite rauskommt, war klar. Nach der WM ist die Spannung abgefallen."

Gesa Felicitas Krause unterbot ihre deutsche Bestzeit über 2000 Meter Hindernis um mehr als elf Sekunden. Im bislang schnellsten Rennen auf der selten gelaufenen Strecke rannte die Kenianerin Virginia Nganga in 6:02,16 Minuten Weltbestzeit. Die 23 Jahre alte Frankfurterin Krause, in Peking überraschend WM-Dritte über 3000 Meter Hindernis, wurde in 6:04,20 Minuten Dritte.

Topform zum Saison-Ende
Auch nach einer anstrengenden Saison war 800-Meter-Läuferin Fabienne Kohlmann immer noch in Top-Form: In 1:58,34 Minuten lief sie Bestzeit und freute sich mit Trainingskollegin Christina Hering über eine rundum gelungene Saison

„Ein guter Abschluss“

ISTAF: *Jahrelang hat Verena Sailer den deutschen Frauensprint bestimmt, sammelte neben 18 nationalen Titeln auch fünf internationale Medaillen allein bei den Erwachsenen. Mit 30 Jahren konzentriert sie sich nun nach ihrem letzten Rennen beim ISTAF auf ihre berufliche Laufbahn.*

Verena Sailer, wie haben Sie Ihr letztes Rennen beim ISTAF erlebt?
Beim Aufwärmen musste ich mich zusammenreißen. Es war der Gedanke im Kopf, dass es das letzte Mal ist. Das fing schon in der Woche davor an, als ich zum letzten Mal vor einem Wettkampf zum Training gegangen bin. Ich habe mir dann immer gesagt: Versuch jetzt alles so zu machen, wie immer. Heulen kannst du danach.

Ist Ihnen das gelungen?
Ja. Der Lauf hat sich super angefühlt, wie schon der ganze Tag. Es war ein super Abschluss und ich kann mit einem sehr guten Gefühl aus der Karriere gehen. Berlin, das ISTAF und die blaue Bahn im Olympiastadion waren dafür ein guter Ort, der einen besonderen Stellenwert in meiner Karriere gehabt hat. Hier habe ich mit der WM-Bronzemedaille in der Staffel meinen ersten ganz großen Moment erlebt.

Für viele kommt Ihr Karriereende im Jahr vor Olympia überraschend. Für eigentlich alle Top-Athleten das große Ziel …
… natürlich habe auch ich über Rio nachgedacht, aber ich wollte meine Entscheidung nicht von einem Großereignis abhängig machen. Jedes Jahr kommt wieder ein Neues. Es ist ein Hamsterrad, das sich ständig dreht. Nach Olympia wären es wieder nur zwei Jahre bis zur EM in Berlin. Für mich fühlt sich die Entscheidung jetzt gut und richtig an. Es war mir wichtig, dass ich neben einer guten Karriere auch einen guten Abschluss finden kann.

Das bedeutet die Entscheidung ist über längere Zeit gereift?
Ich habe mir schon eine längere Zeit Gedanken darüber gemacht, wie ich aufhören möchte. Ich werde nicht jünger. Außerdem beginnt sich der Fokus zu verschieben. Mir war immer wichtig, zu hundert Prozent das zu wollen, was ich mache. Das beginnt zu kippen.

Sportlich hat das Jahr mit Bestzeiten und Bronze bei der Hallen-EM über 60 Meter begonnen. Im Sommer lief es aber nicht ganz rund, oder?
Es lief nicht so perfekt, wie viele der anderen Jahre. Ich hatte am Anfang des Sommers eine Zerrung und kurz vor der WM eine leichte Wadenverletzung. Auf der anderen Seite bin ich gut drauf gewesen in diesem Jahr. Das hat auf dem Papier manchmal nicht so gut ausgesehen. Aber besonders die 11,10 bei Windstille vor der WM in Mannheim haben gezeigt, dass ich schnell bin. Das Jahr hat sich gut angefühlt. Das war mir zum Abschluss wichtig.

Was nehmen Sie aus dem Sport mit in Richtung Zukunft?
Ich habe sehr viele positive Erlebnisse gehabt. Der Leistungssport besteht ja nicht nur aus diesen elf Sekunden auf der Bahn. Ich habe neue Länder kennen gelernt, neue Kulturen und viele Leute. Ich habe Freundschaften geschlossen, auch international. Ich habe viel fürs Leben

Drei Erfolgsstationen
Bei der Heim-WM in Berlin feierte Verena Sailer zusammen mit Marion Wagner, Anne Cibis und Cathleen Tschirch den vielleicht emotionalsten Erfolg ihrer Karriere: Bronze mit der 4x100-Meter-Staffel

2010 feierte Sailer ihren größten Einzelerfolg: Bei der EM in Barcelona sprintete sie über 100 Meter in 11,10 Sekunden zu Gold

Die letzte internationale Medaille gewann Verena Sailer 2015 bei der Hallen-EM in Prag: Bronze

gelernt: Mit Erfolg und Niederlagen umzugehen, Geduld zu haben und positiv zu bleiben, wenn es mal nicht so läuft.

Sie haben sich über Jahre hinweg kontinuierlich gesteigert und nur 2011 verletzungsbedingt länger pausieren müssen. Welchen Anteil hat Ihr Trainer Valerij Bauer an Ihrer Karriere?
Den Größten. Er und seine Frau, meine Physiotherapeutin. Beide haben mich maximal gut behandelt und betreut. Mein Trainer hat immer gescherzt: Ich mache Verena kaputt und meine Frau macht sie wieder ganz. Wir haben eine intensive Zeit erlebt, uns zusammen nach oben gearbeitet. So eine Konstellation zu finden, ist alles andere als selbstverständlich. Die beiden sind zu meiner Familie geworden. Dazu gehören auch der Verein, der Olympiastützpunkt und da speziell die Zusammenarbeit im Kraftraum. Außerdem Partner und Sponsoren. Ganz viele waren beteiligt. Allein schafft man so etwas nicht.

War das Krafttraining ein Schlüssel zu Ihrem Erfolg?
Es wurde gerne gesagt: Verena Sailer ist belastungsresistent, wie eine Maschine. Das stimmt gar nicht. Es gab Ärzte, die mir wegen meines Rückens mit 18 vom Leistungssport abgeraten haben. Ich war anfällig und brauchte deshalb viel physiotherapeutische Betreuung. Mein Trainer hat sich überlegt, wie man das kompensieren kann. Wir haben einen neuen Weg eingeschlagen. Es hat funktioniert und wird mittlerweile auch von anderen in Deutschland angewendet.

Wie sehen Sie die Situation im deutschen Sprint?
Es kommt gut etwas nach. Das ist schön zu sehen. In diesem Jahr hat es riesig Spaß gemacht, mit den jungen Mädels in der Staffel zu laufen. Da war auch wieder eine Unbeschwertheit da.

KIPCHOGE
BMW
42. BERLIN
MARATHON
BMW
42. BERLIN
MARATHON

Sieg trotz Schuhpanne

BERLIN-MARATHON: *Ein verpasster Weltrekord mit herausgerutschten Einlegesohlen, eine knapp verpasste Olympia-Norm und ein „gezogener Stecker“ – der Berlin-Marathon hatte wieder viel Außergewöhnliches zu bieten.*

Zu schnell für die Schuhe?
Das hat man vorher auch noch nicht gesehen: Eliud Kipchoge lief den Berlin-Marathon mit zwei Einlegesohlen, die aus den Rennschuhen hingen. Den Weltrekord schaffte er so nicht, wohl aber den prestigeträchtigen Sieg in der deutschen Hauptstadt

Siegesfreude und ein knapp verpasstes Ziel
Gladys Cherono lief im Januar als Zweite in Dubai in 2:20:03 Stunden schon ein starkes Debüt, in Berlin rannte sie beim zweiten Rennen zum ersten Sieg und in 2:19:25 Stunden auf Platz sieben der ewigen Welt-Bestenliste (links). Schnell, aber nicht schnell genug: Mit Arne Gabius (2:09:32 h) und Michael Fietz (2:11:28 h) waren in diesem Jahrtausend nur zwei Deutsche schneller als Philipp Pflieger (2:12:50 h). Für Olympia reicht die Zeit trotzdem noch nicht

Ein Malheur mit den Laufschuhen ließ seinen Traum vom Weltrekord früh platzen, doch am Ende war der Pechvogel trotzdem glücklich: Eliud Kipchoge setzte die Siegesserie der Kenianer beim Berlin-Marathon fort, die erhoffte Fabelzeit verpasste er aber klar. Der 30-Jährige gewann die 42. Auflage in erstklassigen 2:04:00 Stunden, sein Landsmann Dennis Kimetto war bei seinem Rekordlauf ein Jahr zuvor 1:03 Minuten schneller gewesen.

Als Zweiter kam nach 42,195 Kilometern Kipchoges Landsmann Eliud Kiptanui in 2:05:21 Stunden am Brandenburger Tor ins Ziel. Dritter wurde der Äthiopier Feyisa Lilesa (2:06:57 h).

Kenianische Siegesserie

„Ich hatte keine Zeit, die Sohle rauszuziehen", sagte Kipchoge, dem schon vom ersten Kilometer an die Innensohle aus dem linken Laufschuh schlappte. Dieses Missgeschick kostete ihn wohl die entscheidenden Sekunden. „Der Weltrekord war mein Ziel. Das habe ich nicht geschafft – aber ich komme nächstes Jahr wieder", kündigte der Kenianer an.

Seit 2010 kam der Sieger beim schnellsten Stadtmarathon der Welt immer aus dem ostafrikanischen Land. Kipchoge kassierte 40.000 Euro für seinen Erfolg, dazu 15.000 Euro Bonus für eine Zeit unter 2:05 Stunden – nur um eine Sekunde verpasste er eine doppelte Prämie.

„Den Stecker gezogen"

Gladys Cherono machte den Doppelerfolg der kenianischen Asse perfekt: In der Jahresweltbestzeit von 2:19:25 Stunden gewann die 32-Jährige das Frauenrennen vor Aberu Kebede aus Äthiopien (2:20:48 h), der Siegerin von 2012. Anna Hahner verpasste bei ihrem dritten Berlin-Start als 13. in 2:30:19 Stunden die Olympia-Norm um knapp zwei Minuten.

„Die Beine wurden ab Kilometer 25 schwerer, ich konnte das Tempo einfach nicht mehr halten. Es fühlte sich an, als hätte mir jemand den Stecker gezogen", sagte die 25-Jährige, die nun im Frühjahr die Olympia-Norm erneut angreifen will.

Bei Sonnenschein, Windstille und für Marathonläufer optimalen Temperaturen – mittags etwa 15 Grad Celsius – waren mehr als 41.000 Läufer gemeldet. Die drei kenianischen Tempomacher für die Elite-Gruppe hielten sich aber nur anfangs an den „Fahrplan" für einen Weltrekord: Der erste Kilometer wurde in 2:51 Minuten absolviert, dann wurde es deutlich langsamer. Als das Spitzen-Sextett mit vier Kenianern und zwei Äthiopiern die Halbmarathon-Marke bei 61:53 Minuten passierte, stand praktisch fest: Mit dem Weltrekord wird es diesmal nichts. Denn Kipchoge und Co. hatten eine Zwischenzeit von 61:30 Minuten angepeilt.

Bei Kilometer 30 war nur noch ein Quartett vorn: Kipchoge, Kiptanui, Emmanuel Mutai und Lilesa. Knapp zwei Kilometer später lief Kipchoge allein dem Ziel entgegen. Der Favorit gewann seinen vierten Marathon in Serie – zuletzt hatte er in Rotterdam, Chicago (jeweils 2014) und 2015 in London triumphiert.

Pflieger kämpft weiter

Bester Deutscher war Philipp Pflieger: Der 28-Jährige aus Regensburg kam in guten 2:12:50 Stunden als 16. ins Ziel und verfehlte die Olympia-Norm nur um 35 Sekunden. „Ich bin megaglücklich. Die Zeit ist für einen Debütanten recht ordentlich", sagte er und kritisierte aber auch die aus seiner Sicht unrealistische Olympia-Norm: „Da werden uns Knüppel zwischen die Beine geworfen." Seinen Traum von Olympia verfolgt er aber dennoch weiter: „Wir haben ja noch eine Chance im Frühjahr."

- Namen
- Plätze
- Resultate

Ergebnisse auf einen Blick

Männer

100 Meter (-0,5) | 23.8.2015

1.	Usain Bolt	JAM	9,79
2.	Justin Gatlin	USA	9,80
3.	Trayvon Bromell	USA	9,92
3.	Andre De Grasse	CAN	9,92
5.	Mike Rodgers	USA	9,94
6.	Tyson Gay	USA	10,00
7.	Asafa Powell	JAM	10,00
8.	Jimmy Vicaut	FRA	10,00
9.	Su Bingtian	CHN	10,06
HF: 24.	Julian Reus	GER	10,28
VL: 37.	Sven Knipphals	GER	10,31

200 Meter (-0,1) | 27.8.2015

1.	Usain Bolt	JAM	19,55
2.	Justin Gatlin	USA	19,74
3.	Anaso Jobodwana	RSA	19,87
4.	Alonso Edward	PAN	19,87
5.	Zharnel Hughes	GBR	20,02
6.	Ramil Guliyev	TUR	20,11
7.	Femi Ogunode	QAT	20,27
8.	Nickel Ashmeade	JAM	20,33
VL: 31.	Julian Reus	GER	20,51
VL: 38.	Robin Erewa	GER	20,67

4x100 Meter | 29.8.2015

1.	Jamaika (Carter; Powell; Ashmeade; Bolt)	JAM	37,36
2.	China (Mo; Xie; Su; Zhang)	CHN	38,01
3.	Kanada (Brown; De Grasse; Rodney; Warner)	CAN	38,13
4.	Deutschland (Reus; Knipphals; Kosenkow; Menga)	GER	38,15
5.	Frankreich	FRA	38,23
6.	Antigua	ANT	38,61
	USA	USA	dq
	Großbritannien	GBR	dnf

400 Meter | 26.8.2015

1.	Wayde van Niekerk	RSA	43,48
2.	LaShawn Merritt	USA	43,65
3.	Kirani James	GRN	43,78
4.	Luguelín Santos	DOM	44,11
5.	Isaac Makwala	BOT	44,63
6.	Rabah Yousif	GBR	44,68
7.	Machel Cedenio	TTO	45,06
8.	Youssef Al-Masrahi	KSA	45,15

4x400 Meter | 30.8.2015

1.	USA (Verburg; McQuay; Nellum; Merritt)	USA	2:57,82
2.	Trinidad & Tobago (Quow; Gordon; Lendore; Cedenio)	TTO	2:58,20
3.	Großbritannien (Yousif; Williams; Dunn; Rooney)	GBR	2:58,51
4.	Jamaika	JAM	2:58,51
5.	Belgien	BEL	3:00,24
6.	Frankreich	FRA	3:00,65
7.	Kuba	CUB	3:03,05
8.	Russland	RUS	3:03,05

800 Meter | 25.8.2015

1.	David Rudisha	KEN	1:45,84
2.	Adam Kszczot	POL	1:46,08
3.	Amel Tuka	BIH	1:46,30
4.	Ferguson Cheruiyot	KEN	1:46,35
5.	Pierre-Ambroise Bosse	FRA	1:46,63
6.	Abdulrahman Musaeb Balla	QAT	1:47,01
7.	Nader Belhanbel	MAR	1:47,09
8.	Alfred Kipketer	KEN	1:47,66
VL: 24.	Robin Schembera	GER	1:48,04

1500 Meter | 30.8.2015

1.	Asbel Kiprop	KEN	3:34,40
2.	Elijah Manangoi	KEN	3:34,63
3.	Abdelaati Iguider	MAR	3:34,67
4.	Taoufik Makhloufi	ALG	3:34,76
5.	Silas Kiplagat	KEN	3:34,81
6.	Nick Willis	NZL	3:35,46
7.	Timothy Cheruiyot	KEN	3:36,05
8.	Matthew Centrowitz	USA	3:36,13

5000 Meter | 29.8.2015

1.	Mo Farah	GBR	13:50,38
2.	Caleb Ndiku	KEN	13:51,75
3.	Hagos Gebrhiwet	ETH	13:51,86
4.	Yomif Kejelcha	ETH	13:52,43
5.	Galen Rupp	USA	13:53,90
6.	Ben True	USA	13:54,07
7.	Ryan Hill	USA	13:55,10
8.	Isiah Koech	KEN	13:55,98
14.	Richard Ringer	GER	14:03,72

10.000 Meter | 22.8.2015

1.	Mo Farah	GBR	27:01,13
2.	Geoffrey Kamworor	KEN	27:01,76
3.	Paul Tanui	KEN	27:02,83
4.	Bedan Karoki	KEN	27:04,77
5.	Galen Rupp	USA	27:08,91
6.	Abrar Osman	ERI	27:43,21
7.	Ali Kaya	TUR	27:43,69
8.	Timothy Toroitich	UGA	27:44,90
17.	Arne Gabius	GER	28:24,47

Marathon | 22.8.2015

1.	Ghirmay Ghebreslassie	ERI	2:12:28
2.	Yemane Adhane	ETH	2:13:08
3.	Solomon Mutai	UGA	2:13:30
4.	Ruggero Pertile	ITA	2:14:23
5.	Shumi Dechasa	BRN	2:14:36
6.	Stephen Kiprotich	UGA	2:14:43
7.	Lelisa Desisa	ETH	2:14:54
8.	Daniele Meucci	ITA	2:14:54

110 Meter Hürden (+0,2) | 28.8.2015

1.	Sergey Shubenkov	RUS	12,98
2.	Hansle Parchment	JAM	13,03
3.	Aries Merritt	USA	13,04
4.	Pascal Martinot-Lagarde	FRA	13,17
5.	Dimitri Bascou	FRA	13,17
6.	Omar McLeod	JAM	13,18
7.	David Oliver	USA	13,33
8.	Garfield Darien	FRA	13,34
HF: 11.	Matthias Bühler	GER	13,34
HF: 12.	Gregor Traber	GER	13,37
VL:	Alexander John	GER	dq

400 Meter Hürden | 25.8.2015

1.	Nicholas Bett	KEN	47,79
2.	Denis Kudryavtsev	RUS	48,05
3.	Jeffery Gibson	BAH	48,17
4.	Kerron Clement	USA	48,18
5.	Boniface Tumuti	KEN	48,33
6.	Yasmani Copello Escobar	TUR	48,96
7.	Patryk Dobek	POL	49,14
8.	Michael Tinsley	USA	50,02

3000 Meter Hindernis | 24.8.2015

1.	Ezekiel Kemboi	KEN	8:11,28
2.	Conseslus Kipruto	KEN	8:12,38
3.	Brimin Kipruto	KEN	8:12,54
4.	Jairus Birech	KEN	8:12,62
5.	Dan Huling	USA	8:14,39
6.	Evan Jager	USA	8:15,47
7.	Brahim Taleb	MAR	8:17,73
8.	Matt Hughes	CAN	8:18,63

Eine Leistung der besonderen Art

In 13,04 Sekunden war der US-amerikanische Hürdensprinter Aries Merritt im WM-Finale deutlich entfernt von seinem Weltrekord, den er mit 12,80 Sekunden hält. Und nach Olympia-Gold 2012 gewann er auch „nur" Bronze. Vielleicht war das aber trotzdem die größte Leistung, die der 30-Jährige je gezeigt hat. Denn am Dienstag nach der WM bekam er eine Niere transplantiert. Direkt vor der OP soll die Leistung seiner Niere auf unter 20 Prozent gesunken sein

Hochsprung | 30.8.2015			
1.	Derek Drouin	CAN	2,34
2.	Zhang Guowei	CHN	2,33
2.	Bogdan Bondarenko	UKR	2,33
4.	Mutaz Essa Barshim	QAT	2,33
5.	Daniyil Tsyplakov	RUS	2,29
6.	Donald Thomas	BAH	2,29
7.	Jaroslav Bába	CZE	2,29
8.	Erik Kynard	USA	2,25
8.	Gianmarco Tamberi	ITA	2,25
12.	Eike Onnen	GER	2,25
Q: 28.	Mateusz Przybylko	GER	2,22

Stabhochsprung | 24.8.2015			
1.	Shawn Barber	CAN	5,90
2.	Raphael Holzdeppe	GER	5,90
3.	Paweł Wojciechowski	POL	5,80
3.	Renaud Lavillenie	FRA	5,80
3.	Piotr Lisek	POL	5,80
6.	Kévin Menaldo	FRA	5,80
7.	Michal Balner	CZE	5,65
7.	Tobias Scherbarth	GER	5,65
Q: 17.	Carlo Paech	GER	5,65

Weitsprung | 25.8.2015			
1.	Greg Rutherford	GBR	8,41
2.	Fabrice Lapierre	AUS	8,24
3.	Wang Jianan	CHN	8,18
4.	Gao Xinglong	CHN	8,14
5.	Li Jinzhe	CHN	8,10
6.	Aleksandr Menkov	RUS	8,02
7.	Kafétien Gomis	FRA	8,02
8.	Sergey Polyanskiy	RUS	7,97
Q: 14.	Fabian Heinle	GER	7,96
Q: 24.	Alyn Camara	GER	7,66

Dreisprung | 27.8.2015			
1.	Christian Taylor	USA	18,21
2.	Pedro Pablo Pichardo	CUB	17,73
3.	Nelson Évora	POR	17,52
4.	Omar Craddock	USA	17,37
5.	Lyukman Adams	RUS	17,28
6.	Marian Oprea	ROU	17,06
7.	Dmitriy Sorokin	RUS	16,99
8.	Tosin Oke	NGR	16,81

Abkürzungen:

dnf > aufgegeben
dq > disqualifiziert
nm > ohne gültigen Versuch
dns > nicht angetreten
aW >außer Wertung
Q > Qualifikation
VL > Vorlauf
HF > Halbfinale

Trubel nach Heimkehr
Mit 92,72 Metern hatte sich der jamaikanische Speerwerfer Julius Yego auf Platz drei der ewigen Welt-Bestenliste geworfen. Kein Wunder, dass bei seiner Ankunft in Nairobi jeder mit dem Weltmeister reden wollte. Am nächsten kam ihm aber einer: sein sieben Monate alter Sohn Jarvis

Kugelstoßen | 23.8.2015

1.	Joe Kovacs	USA	21,93
2.	David Storl	GER	21,74
3.	O'Dayne Richards	JAM	21,69
4.	Tom Walsh	NZL	21,58
5.	Reese Hoffa	USA	21,00
6.	Tomasz Majewski	POL	20,82
7.	Asmir Kolašinac	SRB	20,71
8.	Jacko Gill	NZL	20,11

Diskuswurf | 29.8.2015

1.	Piotr Małachowski	POL	67,40
2.	Philip Milanov	BEL	66,90
3.	Robert Urbanek	POL	65,18
4.	Gerd Kanter	EST	64,82
5.	Daniel Ståhl	SWE	64,73
6.	Apostolos Parellis	CYP	64,55
7.	Fedrick Dacres	JAM	64,22
8.	Christoph Harting	GER	63,94
Q: 15.	Daniel Jasinski	GER	61,70
Q: 19.	Martin Wierig	GER	61,35

Hammerwurf | 23.8.2015

1.	Paweł Fajdek	POL	80,88
2.	Dilshod Nazarov	TJK	78,55
3.	Wojciech Nowicki	POL	78,55
4.	Krisztián Pars	HUN	77,32
5.	Sergey Litvinov	RUS	77,24
6.	David Söderberg	FIN	76,92
7.	Mostafa Hicham Al-Gamal	EGY	76,81
8.	Marcel Lomnický	SVK	75,79

Speerwurf | 26.8.2015

1.	Julius Yego	KEN	92,72
2.	Ihab Abdelrahman	EGY	88,99
3.	Tero Pitkämäki	FIN	87,64
4.	Thomas Röhler	GER	87,41
5.	Antti Ruuskanen	FIN	87,12
6.	Andreas Hofmann	GER	86,01
7.	Johannes Vetter	GER	83,79
8.	Vítezslav Veselý	CZE	83,13
Q: 16.	Lars Hamann	GER	79,56

Zehnkampf | 28./29.8.2015

1.	Ashton Eaton	USA	9045
2.	Damian Warner	CAN	8695
3.	Rico Freimuth	GER	8561
4.	Ilya Shkurenyov	RUS	8538
5.	Larbi Bouraada	ALG	8461
6.	Kai Kazmirek	GER	8448
7.	Michael Schrader	GER	8418
8.	Kurt Felix	GRN	8302

20 Kilometer Gehen | 23.8.2015

1.	Miguel Ángel López	ESP	1:19:14
2.	Wang Zhen	CHN	1:19:29
3.	Benjamin Thorne	CAN	1:19:57
4.	Ihor Hlavan	UKR	1:20:29
5.	Cai Zelin	CHN	1:20:42
6.	Caio Bonfim	BRA	1:20:44
7.	Eider Arévalo	COL	1:21:13
8.	Dane Bird-Smith	AUS	1:21:37
18.	Hagen Pohle	GER	1:22:29
34.	Nils Brembach	GER	1:25:21
38.	Christopher Linke	GER	1:26:10

50 Kilometer Gehen | 29.8.2015

1.	Matej Tóth	SVK	3:40:32
2.	Jared Tallent	AUS	3:42:17
3.	Takayuki Tanii	JPN	3:42:55
4.	Hiroki Arai	JPN	3:43:44
5.	Robert Heffernan	IRL	3:44:17
6.	Zhang Lin	CHN	3:44:39
7.	Yu Wei	CHN	3:45:21
8.	Andrés Chocho	ECU	3:46:00
	Carl Dohmann	GER	dnf

Frauen

100 Meter (-0,3) | 24.8.2015			
1.	Shelly-Ann Fraser-Pryce	JAM	10,76
2.	Dafne Schippers	NED	10,81
3.	Tori Bowie	USA	10,86
4.	Veronica Campbell-Brown	JAM	10,91
5.	Michelle-Lee Ahye	TTO	10,98
6.	Kelly-Ann Baptiste	TTO	11,01
7.	Natasha Morrison	JAM	11,02
8.	Blessing Okagbare	NGR	11,02
VL: 23.	Rebekka Haase	GER	11,29
VL: 28.	Gina Lückenkemper	GER	11,34
VL: 30.	Verena Sailer	GER	11,41

200 Meter (+0,2) | 28.8.2015			
1.	Dafne Schippers	NED	21,63
2.	Elaine Thompson	JAM	21,66
3.	Veronica Campbell-Brown	JAM	21,97
4.	Candyce McGrone	USA	22,01
5.	Dina Asher-Smith	GBR	22,07
6.	Jeneba Tarmoh	USA	22,31
7.	Ivet Lalova-Collio	BUL	22,41
8.	Sherone Simpson	JAM	22,50

4x100 Meter | 29.8.2015			
1.	Jamaika	JAM	41,07
	(Campbell-B.; Morrison; Thompson; Fraser-P.)		
2.	USA	USA	41,68
	(Gardner; Felix; Prandini; Todd)		
3.	Trinidad & Tobago	TTO	42,03
	(Baptiste; Ahye; Thomas; Hackett)		
4.	Großbritannien	GBR	42,10
5.	Deutschland	GER	42,64
	(Haase; Burghardt; Lückenkemper; Sailer)		
6.	Kanada	CAN	43,05
	Niederlande	NED	dq
	Russland	RUS	dnf

400 Meter | 29.8.2015			
1.	Allyson Felix	USA	49,26
2.	Shaunae Miller	BAH	49,67
3.	Shericka Jackson	JAM	49,99
4.	Christine Day	JAM	50,14
5.	Stephenie Ann McPherson	JAM	50,42
6.	Novlene Williams-Mills	JAM	50,47
7.	Phyllis Francis	USA	50,51
8.	Christine Ohuruogu	GBR	50,63

4x400 Meter | 30.8.2015			
1.	Jamaika	JAM	3:19,13
	(Day; Jackson; McPherson; Williams-Mills)		
2.	USA	USA	3:19,44
	(Richards-Ross; Hastings; Felix; McCorory)		
3.	Großbritannien	GBR	3:23,62
	(Ohuruogu; Onuora; Child; Bundy-Davies)		
4.	Russland	RUS	3:24,84
5.	Nigeria	NGR	3:25,11
6.	Ukraine	UKR	3:25,94
7.	Frankreich	FRA	3:26,45
8.	Kanada	CAN	3:27,69

800 Meter | 29.8.2015			
1.	Maryna Arzamasova	BLR	1:58,03
2.	Melissa Bishop	CAN	1:58,12
3.	Eunice Sum	KEN	1:58,18
4.	Rabab Arrafi	MAR	1:58,90
5.	Shelayna Oskan-Clarke	GBR	1:58,99
6.	Nataliya Lupu	UKR	1:58,99
7.	Joanna Józwik	POL	1:59,09
8.	Renelle Lamote	FRA	1:59,70
HF: 15.	Fabienne Kohlmann	GER	1:59,42
HF: 23.	Christina Hering	GER	2:00,81

1500 Meter | 25.8.2015			
1.	Genzebe Dibaba	ETH	4:08,09
2.	Faith Kipyegon	KEN	4:08,96
3.	Sifan Hassan	NED	4:09,34
4.	Dawit Seyaum	ETH	4:10,26
5.	Laura Muir	GBR	4:11,48
6.	Abeba Aregawi	SWE	4:12,16
7.	Shannon Rowbury	USA	4:12,39
8.	Angelika Cichocka	POL	4:13,22

5000 Meter | 30.8.2015			
1.	Almaz Ayana	ETH	14:26,83
2.	Senbere Teferi	ETH	14:44,07
3.	Genzebe Dibaba	ETH	14:44,14
4.	Viola Kibiwot	KEN	14:46,16
5.	Mercy Cherono	KEN	15:01,36
6.	Janet Kisa	KEN	15:02,68
7.	Irene Cheptai	KEN	15:03,41
8.	Susan Kuijken	NED	15:08,00

WM-Titel nach Weltrekord
Im Juli hatte die Äthiopierin Genzebe Dibaba den 1500-Meter-Weltrekord, der schon fast als unerreichbar galt, um 39 Hundertstel auf 3:50,07 Minuten verbessert. In Peking ließ die 24-Jährige noch den WM-Titel folgen

Sehr hohes Niveau
Weiter als sieben Meter musste man im Weitsprung der Frauen fliegen, um eine Medaille zu gewinnen. Am weitesten sprang Tianna Bartoletta, die den Titel 2005 bereits einmal gewonnen hatte. Mit 7,14 und 7,12 Metern gelangen der 30-Jährigen die beiden weitesten Sprünge des Jahres

10.000 Meter | 24.8.2015

1.	Vivian Cheruiyot	KEN	31:41,31
2.	Gelete Burka	ETH	31:41,77
3.	Emily Infeld	USA	31:43,49
4.	Molly Huddle	USA	31:43,58
5.	Sally Kipyego	KEN	31:44,42
6.	Shalane Flanagan	USA	31:46,23
7.	Alemitu Haroye	ETH	31:49,73
8.	Betsy Saina	KEN	31:51,35

Marathon | 30.8.2015

1.	Mare Dibaba	ETH	2:27:35
2.	Helah Kiprop	KEN	2:27:36
3.	Eunice Jepkirui	BRN	2:27:39
4.	Jemima Jelagat	KEN	2:27:42
5.	Edna Kiplagat	KEN	2:28:18
6.	Tigist Tufa	ETH	2:29:12
7.	Mai Ito	JPN	2:29:48
8.	Tirfe Tsegaye	ETH	2:30:54

100 Meter Hürden (-0,3) | 28.8.2015

1.	Danielle Williams	JAM	12,57
2.	Cindy Roleder	GER	12,59
3.	Alina Talay	BLR	12,66
4.	Brianna Rollins	USA	12,67
5.	Tiffany Porter	GBR	12,68
6.	Noemi Zbären	SUI	12,95
7.	Shermaine Williams	JAM	12,95
8.	Sharika Nelvis	USA	13,06

400 Meter Hürden | 26.8.2015

1.	Zuzana Hejnová	CZE	53,50
2.	Shamier Little	USA	53,94
3.	Cassandra Tate	USA	54,02
4.	Sara Petersen	DEN	54,20
5.	Janeive Russell	JAM	54,64
6.	Eilidh Child	GBR	54,78
7.	Wenda Nel	RSA	54,94
8.	Kaliese Spencer	JAM	55,47

3000 Meter Hindernis | 26.8.2015

1.	Hyvin Jepkemoi	KEN	9:19,11
2.	Habiba Ghribi	TUN	9:19,24
3.	Gesa Felicitas Krause	GER	9:19,25
4.	Sofia Assefa	ETH	9:20,01
5.	Emma Coburn	USA	9:21,78
6.	Hiwot Ayalew	ETH	9:24,27
7.	Virginia Nyambura	KEN	9:26,21
8.	Lalita Babar	IND	9:29,64

Hochsprung | 29.8.2015

1.	Mariya Kuchina	RUS	2,01
2.	Blanka Vlašic	CRO	2,01
3.	Anna Chicherova	RUS	2,01
4.	Kamila Licwinko	POL	1,99
5.	Ruth Beitia	ESP	1,99
6.	Marie-Laurence Jungfleisch	GER	1,99
7.	Jeannelle Scheper	LCA	1,92
8.	Eleanor Patterson	AUS	1,92

Stabhochsprung | 26.8.2015

1.	Yarisley Silva	CUB	4,90
2.	Fabiana Murer	BRA	4,85
3.	Nikoléta Kiriakopoúlou	GRE	4,80
4.	Angelica Bengtsson	SWE	4,70
4.	Sandi Morris	USA	4,70
4.	Jenn Suhr	USA	4,70
7.	Holly Bradshaw	GBR	4,70
8.	Martina Strutz	GER	4,60
12.	Lisa Ryzih	GER	4,60
Q: 17.	Silke Spiegelburg	GER	4,45

Weitsprung | 28.8.2015

1.	Tianna Bartoletta	USA	7,14
2.	Shara Proctor	GBR	7,07
3.	Ivana Španovic	SRB	7,01
4.	Christabel Nettey	CAN	6,95
5.	Lorraine Ugen	GBR	6,85
6.	Malaika Mihambo	GER	6,79
7.	Khaddi Sagnia	SWE	6,78
8.	Janay DeLoach	USA	6,67
Q: 22.	Lena Malkus	GER	6,46
Q: 27.	Sosthene T. Moguenara	GER	6,23

Dreisprung | 24.8.2015

1.	Caterine Ibargüen	COL	14,90
2.	Hanna Minenko	ISR	14,78
3.	Olga Rypakova	KAZ	14,77
4.	Gabriela Petrova	BUL	14,66
5.	Kimberly Williams	JAM	14,45
6.	Olha Saladukha	UKR	14,41
7.	Yekaterina Koneva	RUS	14,37
8.	Kristin Gierisch	GER	14,25

Freudensprung
Da soll mal einer sagen, Hammerwerferinnen können nicht springen! Weltmeisterin Anita Wlodarczyk übertraf im Finale gleich zweimal die 80-Meter-Marke. Am 1. August war ihr das zum ersten Mal gelungen: Da hatte sie mit 81,08 Metern einen neuen Weltrekord aufgestellt

Kugelstoßen | 22.8.2015			
1.	Christina Schwanitz	GER	20,37
2.	Gong Lijiao	CHN	20,30
3.	Michelle Carter	USA	19,76
4.	Anita Márton	HUN	19,48
5.	Gao Yang	CHN	19,04
6.	Aliona Dubitskaya	BLR	18,52
7.	Yulia Leantsiuk	BLR	18,25
8.	Natallia Mikhnevich	BLR	18,24

Diskuswurf | 25.8.2015			
1.	Denia Caballero	CUB	69,28
2.	Sandra Perkovic	CRO	67,39
3.	Nadine Müller	GER	65,53
4.	Yaimí Pérez	CUB	65,46
5.	Julia Fischer	GER	63,88
6.	Dani Samuels	AUS	63,14
7.	Shanice Craft	GER	63,10
8.	Su Xinyue	CHN	62,90

Hammerwurf | 27.8.2015			
1.	Anita Włodarczyk	POL	80,85
2.	Zhang Wenxiu	CHN	76,33
3.	Alexandra Tavernier	FRA	74,02
4.	Sophie Hitchon	GBR	73,86
5.	Wang Zheng	CHN	73,83
6.	Kathrin Klaas	GER	73,18
7.	Betty Heidler	GER	72,56
8.	Zalina Marghieva	MDA	72,38

Speerwurf | 30.8.2015			
1.	Katharina Molitor	GER	67,69
2.	Lu Huihui	CHN	66,13
3.	Sunette Viljoen	RSA	65,79
4.	Christina Obergföll	GER	64,61
5.	Li Lingwei	CHN	64,10
6.	Christin Hussong	GER	62,98
7.	Sinta Ozolina-Kovale	LAT	62,20
8.	Kara Winger	USA	60,88
10.	Linda Stahl	GER	59,88

Siebenkampf | 22./23.8.2015			
1.	Jessica Ennis-Hill	GBR	6669
2.	Brianne Theisen-Eaton	CAN	6554
3.	Laura Ikauniece-Admidina	LAT	6516
4.	Nadine Broersen	NED	6491
5.	Claudia Rath	GER	6441
6.	Györgyi Zsivoczky-Farkas	HUN	6389
7.	Anastasiya Mokhnyuk	UKR	6359
8.	Nadine Visser	NED	6344
10.	Jennifer Oeser	GER	6308
	Carolin Schäfer	GER	dnf

20 Kilometer Gehen | 28.8.2015			
1.	Liu Hong	CHN	1:27:45
2.	Lu Xiuzhi	CHN	1:27:45
3.	Lyudmyla Olyanovska	UKR	1:28:13
4.	Ana Cabecinha	POR	1:29:29
5.	Antonella Palmisano	ITA	1:29:34
6.	Erica de Sena	BRA	1:30:06
7.	Brigita Virbalyt-Dimšiene	LTU	1:30:20
8.	Anežka Drahotová	CZE	1:30:32

Männer

60 Meter | 8.3.2015

1.	Richard Kilty	GBR	6,51
2.	Christian Blum	GER	6,58
3.	Julian Reus	GER	6,60
4.	Michael Tumi	ITA	6,61
5.	Pascal Mancini	SUI	6,62
6.	Lucas Jakubczyk	GER	6,62
7.	Emmanuel Biron	FRA	6,72
	Chijindu Ujah	GBR	dq

400 Meter | 7.3.2015

1.	Pavel Maslák	CZE	45,33
2.	Dylan Borlée	BEL	46,25
3.	Rafał Omelko	POL	46,26
4.	Łukasz Krawczuk	POL	46,31
5.	Yevhen Hutsol	UKR	46,73
6.	Matteo Galvan	ITA	46,87
VL: 29.	Alexander Gladitz	GER	48,73

4x400 Meter | 8.3.2015

1.	Belgien	BEL	3:02,87
	(Watrin; D. Borlée; J. Borlée; K. Borlée)		
2.	Polen	POL	3:02,97
	(Zalewski; Omelko; Krawczuk; Krzewina)		
3.	Tschechische Republik	CZE	3:04,09
	(Nemecek; Šorm; Tesar; Maslák)		
4.	Russland	RUS	3:08,00
5.	Großbritannien	GBR	3:08,56
6.	Irland	IRL	3:10,61

800 Meter | 8.3.2015

1.	Marcin Lewandowski	POL	1:46,67
2.	Mark English	IRL	1:47,20
3.	Thijmen Kupers	NED	1:47,25
4.	Andreas Almgren	SWE	1:47,78
5.	Robin Schembera	GER	1:47,83
6.	Guy Learmonth	GBR	1:47,84

1500 Meter | 8.3.2015

1.	Jakub Holuša	CZE	3:37,68
2.	Ilham Tanui Özbilen	TUR	3:37,74
3.	Chris O'Hare	GBR	3:38,96
4.	Homiyu Tesfaye	GER	3:39,08
5.	Charlie Grice	GBR	3:39,43
6.	Henrik Ingebrigtsen	NOR	3:39,70
7.	John Travers	IRL	3:41,50
8.	Valentin Smirnov	RUS	3:41,88
9.	Artur Ostrowski	POL	3:44,98

3000 Meter | 7.3.2015

1.	Ali Kaya	TUR	7:38,42
2.	Lee Emanuel	GBR	7:44,48
3.	Henrik Ingebrigtsen	NOR	7:45,54
4.	Jesús España	ESP	7:47,12
5.	Richard Ringer	GER	7:48,44
6.	Adel Mechaal	ESP	7:49,59
7.	Łukasz Parszczynski	POL	7:50,11
8.	Florian Orth	GER	7:51,02
VL: 17.	Clemens Bleistein	GER	7:53,33

60 Meter Hürden | 6.3.2015

1.	Pascal Martinot-Lagarde	FRA	7,49
2.	Dimitri Bascou	FRA	7,50
3.	Wilhem Belocian	FRA	7,52
4.	Erik Balnuweit	GER	7,59
5.	Lawrence Clarke	GBR	7,63
6.	Konstadínos Douvalídis	GRE	7,64
7.	Balázs Baji	HUN	7,65
8.	Petr Svoboda	CZE	7,67

Hochsprung | 8.3.2015

1.	Daniyil Tsyplakov	RUS	2,31
2.	Silvano Chesani	ITA	2,31
2.	Adónios Mástoras	GRE	2,31
4.	Aleksandr Shustov	RUS	2,28
5.	Jaroslav Bába	CZE	2,28
6.	Andrii Protsenko	UKR	2,28
7.	Gianmarco Tamberi	ITA	2,24
	Kyriakos Ioannou	CYP	nh
Q: 22.	Mateusz Przybylko	GER	2,14

Gelungener Winter
Dem deutschen Meistertitel in der Halle ließ Robin Schembera bei der Halle-EM Platz fünf folgen. Im Sommer lief er in 1:45,48 Minuten eine neue Bestzeit, bei der WM war aber nach dem Vorlauf Endstation

Französischer Coup
Über 60 Meter Hürden war das Siegerpodest fest in französischer Hand: Pascal Martinot-Lagarde (rechts) gewann vor seinen Landsleuten Dimitri Bascou (links) und Wilhem Belocian. Erik Balnuweit war am nächsten dran, den Dreifach-Erfolg zu verhindern. Dem Leipziger fehlten aber sieben Hundertstel zu Bronze

Stabhochsprung | 7.3.2015

1.	Renaud Lavillenie	FRA	6,04
2.	Aleksandr Gripich	RUS	5,85
3.	Piotr Lisek	POL	5,85
4.	Robert Sobera	POL	5,80
5.	Konstadínos Filippídis	GRE	5,75
6.	Valentin Lavillenie	FRA	5,65
7.	Anton Ivakin	RUS	5,65
7.	Jan Kudlicka	CZE	5,65
9.	Tobias Scherbarth	GER	5,45
Q: 13.	Carlo Paech	GER	5,45

Weitsprung | 6.3.2015

1.	Michel Tornéus	SWE	8,30
2.	Radek Juška	CZE	8,10
3.	Andreas Otterling	SWE	8,06
4.	Loúis Tsátoumas	GRE	7,98
5.	Jean Marie Okutu	ESP	7,93
6.	Pavel Shalin	RUS	7,80
7.	Alyn Camara	GER	7,70
8.	Rain Kask	EST	7,24
Q: 11.	Max Heß	GER	7,71
Q: 13.	Julian Howard	GER	7,65

Dreisprung | 7.3.2015

1.	Nelson Évora	POR	17,21
2.	Pablo Torrijos	ESP	17,04
3.	Marian Oprea	ROU	16,91
4.	Aleksey Fyodorov	RUS	16,88
5.	Georgi Tsonov	BUL	16,75
6.	Dmitriy Sorokin	RUS	16,65
7.	Dzmitry Platnitski	BLR	16,43
8.	Rumen Dimitrov	BUL	16,36

Kugelstoßen | 6.3.2015

1.	David Storl	GER	21,23
2.	Asmir Kolašinac	SRB	20,90
3.	Ladislav Prášil	CZE	20,66
4.	Borja Vivas	ESP	20,59
5.	Bob Bertemes	LUX	20,48
6.	Konrad Bukowiecki	POL	20,46
7.	Stipe Žunic	CRO	20,28
8.	Tobias Dahm	GER	19,58
Q: 18.	Christian Jagusch	GER	19,11

Siebenkampf | 7./8.3.2015

1.	Ilya Shkurenyov	RUS	6353
2.	Arthur Abele	GER	6279
3.	Eelco Sintnicolaas	NED	6185
4.	Gaël Querin	FRA	6115
5.	Adam Helcelet	CZE	6031
6.	Bastien Auzeil	FRA	6011
7.	Jorge Ureña	ESP	5941
8.	Petter Olson	SWE	5869
11.	Mathias Brugger	GER	5846

Historischer Sieg
Die Schweizerin Selina Büchel rannte über 800 Meter zum Sieg und holte damit das erste Gold bei einer Hallen-EM für die Schweiz seit 1987. Damals hatte Sandra Gasser über 1500 Meter gewonnen. Die letzte Hallen-EM-Medaille für die Schweiz holte 2002 André Bucher über 800 Meter

Frauen

60 Meter | 8.3.2015

1.	Dafne Schippers	NED	7,05
2.	Dina Asher-Smith	GBR	7,08
3.	Verena Sailer	GER	7,09
4.	Ezinne Okparaebo	NOR	7,10
5.	Mujinga Kambundji	SUI	7,11
6.	Olesya Povh	UKR	7,11
7.	Jamile Samuel	NED	7,19
8.	Ewa Swoboda	POL	7,20
HF: 9.	Alexandra Burghardt	GER	7,24
HF: 11.	Rebekka Haase	GER	7,25

400 Meter | 7.3.2015

1.	Nataliya Pyhyda	UKR	51,96
2.	Indira Terrero	ESP	52,63
3.	Seren Bundy-Davies	GBR	52,64
4.	Iveta Putalová	SVK	52,84
5.	Marie Gayot	FRA	53,11
6.	Denisa Rosolová	CZE	53,20
VL: 18.	Ruth-Sophia Spelmeyer	GER	53,84

4x400 Meter | 8.3.2015

1.	Frankreich	FRA	3:31,61
	(Guei; Diarra; Raharolahy; Gayot)		
2.	Großbritannien	GBR	3:31,79
	(Massey; Bundy-D.; Maddox; McAslan)		
3.	Polen	POL	3:31,90
	(Linkiewicz; Hołub; Szczesna; Swiety)		
4.	Tschechische Republik	CZE	3:32,08
5.	Ukraine	UKR	3:32,39
6.	Russland	RUS	3:32,53

800 Meter | 8.3.2015

1.	Selina Büchel	SUI	2:01,95
2.	Yekaterina Poistogova	RUS	2:01,99
3.	Nataliya Lupu	UKR	2:02,25
4.	Joanna Józwik	POL	2:02,45
5.	Aníta Hinriksdóttir	ISL	2:02,74
	Jenny Meadows	GBR	dns

1500 Meter | 8.3.2015

1.	Sifan Hassan	NED	4:09,04
2.	Angelika Cichocka	POL	4:10,53
3.	Federica Del Buono	ITA	4:11,61
4.	Katarzyna Broniatowska	POL	4:12,71
5.	Gesa Felicitas Krause	GER	4:15,40
6.	Rosie Clarke	GBR	4:16,49
7.	Diana Mezuliániková	CZE	4:16,93
8.	Renata Plis	POL	4:16,96

3000 Meter | 7.3.2015

1.	Yelena Korobkina	RUS	8:47,62
2.	Sviatlana Kudzelich	BLR	8:48,02
3.	Maureen Koster	NED	8:51,64
4.	Laura Muir	GBR	8:52,44
5.	Sandra Eriksson	FIN	8:54,06
6.	Sofia Ennaoui	POL	8:56,77
7.	Giulia Viola	ITA	8:59,04
8.	Marusa Mismas	SLO	8:59,51
VL: 14.	Gesa Felicitas Krause	GER	9:11,01
VL: 17.	Maren Kock	GER	9:20,79

60 Meter Hürden | 6.3.2015

1.	Alina Talay	BLR	7,85
2.	Lucy Hatton	GBR	7,90
3.	Serita Solomon	GBR	7,93
4.	Cindy Roleder	GER	7,93
5.	Isabelle Pedersen	NOR	7,96
6.	Nooralotta Neziri	FIN	7,97
7.	Andrea Ivancevic	CRO	8,02
8.	Hanna Plotitsyna	UKR	8,10

Hochsprung | 7.3.2015

1.	Mariya Kuchina	RUS	1,97
2.	Alessia Trost	ITA	1,97
3.	Kamila Licwinko	POL	1,94
4.	Airine Palsyte	LTU	1,94
5.	Ruth Beitia	ESP	1,94
6.	Justyna Kasprzycka	POL	1,94
7.	Venelina Veneva-Mateeva	BUL	1,90
8.	Michaela Hruba	CZE	1,85
8.	Barbara Szabo	HUN	1,85

Stabhochsprung | 8.3.2015

1.	Anzhelika Sidorova	RUS	4,80
2.	Ekaterini Stefanidi	GRE	4,75
3.	Angelica Bengtsson	SWE	4,70
4.	Angelina Zhuk-Krasnova	RUS	4,60
5.	Marion Fiack	FRA	4,50
5.	Nikoleta Kiriakopoulou	GRE	4,50
	Katharina Bauer	GER	nh
	Lisa Ryzih	GER	dns
Q: 11.	Martina Strutz	GER	4,45

Weitsprung | 7.3.2015

1.	Ivana Spanovic	SRB	6,98
2.	Sosthene T. Moguenara	GER	6,83
3.	Florentina Marincu	ROU	6,79
4.	Alina Rotaru	ROU	6,74
5.	Eloyse Lesueur	FRA	6,73
6.	Melanie Bauschke	GER	6,59
7.	Karin Melis Mey	TUR	6,57
8.	Aiga Grabuste	LAT	6,54
Q: 14.	Xenia Stolz	GER	6,29

Dreisprung | 8.3.2015

1.	Yekaterina Koneva	RUS	14,69
2.	Gabriela Petrova	BUL	14,52
3.	Hanna Minenko	ISR	14,49
4.	Kristin Gierisch	GER	14,46
5.	Patricia Mamona	POR	14,32
6.	Cristina Bujin	ROU	13,91
7.	Natallia Viatkina	BLR	13,69
8.	Kristiina Mäkelä	FIN	13,66
Q: 11.	Katja Demut	GER	13,81

Kugelstoßen | 7.3.2015

1.	Anita Marton	HUN	19,23
2.	Yulia Leantsiuk	BLR	18,60
3.	Radoslava Mavrodieva	BUL	17,83
4.	Alena Abramchuk	BLR	17,63
5.	Paulina Guba	POL	17,47
6.	Denise Hinrichs	GER	17,35
7.	Anastasiya Podolskaya	RUS	16,81
8.	Ursula Ruiz	ESP	16,07
Q: 11.	Lena Urbaniak	GER	16,49

Fünfkampf | 6.3.2015

1.	Katarina Johns.-Thompson	GBR	5000
2.	Nafissatou Thiam	BEL	4696
3.	Eliska Klucinova	CZE	4687
4.	Yana Maksimava	BLR	4628
5.	Antoinette Nana Djimou	FRA	4591
6.	Györgyi Zsivoczky-Farkas	HUN	4564
7.	Alina Fyodorova	UKR	4563
8.	Anouk Vetter	NED	4548
	Carolin Schäfer	GER	DNF

Start in ein starkes Jahr
2015 war ein erfolgreiches Jahr für Sprinterin Alexandra Burghardt. Bei der Hallen-EM verpasste sie den Finaleinzug nur um zwei Hundertstel. Im Sommer gewann sie Silber über 100 Meter bei der U23-EM und lief mit der deutschen WM-Staffel auf Platz fünf

Männer

100 Meter | 20.6.2015

1.	Christophe Lemaitre	FRA	10,26
2.	Richard Kilty	GBR	10,35
3.	Sven Knipphals	GER	10,50
4.	Massimiliano Ferraro	ITA	10,56
5.	Vitaliy Korzh	UKR	10,61
6.	Aleksandr Brednev	RUS	10,64
7.	Tom Kling-Baptiste	SWE	10,69
8.	Przemyslaw Slowikowski	POL	10,75
9.	Salum Ageze Kashafali	NOR	10,78
10.	Samuli Samuelsson	FIN	10,85
11.	Illia Siratsiuk	BLR	10,88
12.	Angel David Rodríguez	ESP	17,39

200 Meter | 21.6.2015

1.	Serhiy Smelyk	UKR	20,45
2.	Danny Talbot	GBR	20,62
3.	Enrico Demonte	ITA	20,67
4.	Johan Wissman	SWE	20,81
4.	Karol Zalewski	POL	20,81
6.	Bruno Hortelano	ESP	20,88
7.	Pierre-Alexis Pessonneaux	FRA	20,92
8.	Robin Erewa	GER	20,97
9.	Samuli Samuelsson	FIN	21,08
10.	Illia Siratsiuk	BLR	21,11
11.	Even Meinseth	NOR	21,13
12.	Denis Ogarkov	RUS	21,45

4x100 Meter | 20.6.2015

1.	Großbritannien	GBR	38,21
	(Kilty; Talbot; Ellington; Robertson)		
2.	Frankreich	FRA	38,34
	(Vincent; Lemaitre; Pessonneaux; Biron)		
3.	Italien	ITA	38,71
	(Ferraro; Demonte; Manenti; Obou)		
4.	Deutschland	GER	38,78
	(Menga; Knipphals; Kosenkow; Erewa)		
5.	Ukraine	UKR	38,95
6.	Schweden	SWE	39,20
7.	Russland	RUS	39,24
8.	Polen	POL	39,30
9.	Spanien	ESP	39,40
10.	Finnland	FIN	39,45
11.	Weißrussland	BLR	39,67
	Norwegen	NOR	dq

400 Meter | 20.6.2015

1.	Jarryd Dunn	GBR	45,09
2.	Mame-Ibra Anne	FRA	45,26
3.	Aliaksandr Linnik	BLR	45,43
4.	Pavel Ivashko	RUS	45,48
5.	Vitaliy Butrym	UKR	45,73
6.	Kamghe Gaba	GER	46,32
7.	Karsten Warholm	NOR	46,40
8.	Samuel Garcfa	ESP	46,75
9.	Davide Manenti	ITA	46,84
10.	Kacper Kozlowski	POL	46,92
11.	Alexander Nordkvist	SWE	48,25
12.	Jani Koskela	FIN	48,36

4x400 Meter | 21.6.2015

1.	Frankreich	FRA	3:00,47
	(Anne; Venel; Hanne; Jordier)		
2.	Großbritannien	GBR	3:00,54
	(Yousif; D. Williams; C. Williams; Buck)		
3.	Polen	POL	3:01,24
	(Krawczuk; Pietrzak; Omelko; Dobek)		
4.	Russland	RUS	3:01,71
5.	Deutschland	GER	3:03,55
	(Schneider; Gaba; Krüger; Trefz)		
6.	Ukraine	UKR	3:05,16
7.	Spanien	ESP	3:06,35
8.	Italien	ITA	3:06,71
9.	Schweden	SWE	3:08,83
10.	Weißrussland	BLR	3:09,17
11.	Norwegen	NOR	3:10,65
12.	Finnland	FIN	3:11,60

800 Meter | 21.6.2015

1.	Giordano Benedetti	ITA	1:45,11
2.	Pierre-Ambroise Bosse	FRA	1:45,14
3.	Adam Kszczot	POL	1:45,84
4.	Konstantin Tolokonnikov	RUS	1:46,42
5.	Stanislav Maslov	UKR	1:46,85
6.	Kalle Berglund	SWE	1:46,85
7.	Robin Schembera	GER	1:47,20
8.	Kevin López	ESP	1:47,60
9.	Guy Learmonth	GBR	1:47,84
10.	Thomas Roth	NOR	1:48,01
11.	Ville Lampinen	FIN	1:48,44
12.	Yan Sloma	BLR	1:48,45

1500 Meter | 20.6.2015

1.	Valentin Smirnov	RUS	3:52,03
2.	Marcin Lewandowski	POL	3:52,06
3.	Oli Aitchison	GBR	3:52,33
4.	Florian Orth	GER	3:52,56
5.	Stanislav Maslov	UKR	3:52,58
6.	Adel Mechaal	ESP	3:52,69
7.	Snorre Holtan Løken	NOR	3:52,88
8.	Samir Dahmani	FRA	3:53,06
9.	Joao C. M. B. Neves Junior	ITA	3:53,06
10.	Elmar Engholm	SWE	3:53,90
11.	Siarhei Platonau	BLR	3:54,21
12.	Ilari Piipponen	FIN	3:55,18

3000 Meter | 21.6.2015

1.	Richard Ringer	GER	8:34,35
2.	Roberto Alaiz	ESP	8:35,07
3.	Andrew Butchart	GBR	8:35,75
4.	Yegor Nikolayev	RUS	8:35,82
5.	Krzysztof Zebrowski	POL	8:36,52
6.	Bryan Cantero	FRA	8:37,87
7.	Ivan Strebkov	UKR	8:38,28
8.	Siarhei Platonau	BLR	8:38,86
9.	Stefano La Rosa	ITA	8:39,58
10.	Erik Udø Pedersen	NOR	8:40,18
11.	Anders Lindahl	FIN	8:44,65
12.	Johan Hydén	SWE	8:48,29

5000 Meter | 20.6.2015

1.	Mourad Amdouni	FRA	14:04,63
2.	Jesus Espana	ESP	14:05,09
3.	Andy Vernon	GBR	14:05,85
4.	Anatoliy Rybakov	RUS	14:07,48
5.	Jamel Chatbi	ITA	14:16,54
6.	Mikael Ekvall	SWE	14:21,03
7.	Volodymyr Kyts	UKR	14:29,19
8.	Mateusz Demczyszak	POL	14:30,21
9.	Sondre Nordstad Moen	NOR	14:31,25
10.	Marcel Fehr	GER	14:33,67
11.	Arttu Vattulainen	FIN	14:44,08
12.	Artsiom Lohish	BLR	15:09,00

110 Meter Hürden | 21.6.2015

1.	Sergey Shubenkov	RUS	13,22
2.	Pascal Martinot-Lagarde	FRA	13,42
3.	Lawrence Clarke	GBR	13,64
4.	Gregor Traber	GER	13,74
5.	Hassane Fofana	ITA	13,78
6.	Damian Czykier	POL	13,78
7.	Yidiel Contreras	ESP	13,85
8.	Maksim Lynsha	BLR	13,89
9.	Elmo Lakka	FIN	13,98
10.	Serhiy Kopanayko	UKR	14,17
11.	Alexander Brorsson	SWE	14,27
12.	Vladimir Vukicevic	NOR	14,53

400 Meter Hürden | 20.6.2015

1.	Denis Kudryavtsev	RUS	48,66
2.	Patryk Dobek	POL	49,04
3.	Leonardo Capotosti	ITA	49,93
4.	Oskari Mörö	FIN	50,07
5.	Sebastian Rodger	GBR	50,10
6.	Diego Cabello	ESP	50,22
7.	Georg Fleischhauer	GER	50,31
8.	Mickaël François	FRA	50,37
9.	Stanislav Melnykov	UKR	50,47
10.	Mikita Yakauleu	BLR	51,02
11.	Øyvind Kjerpeset	NOR	51,21
12.	Jonathan Carbe	SWE	51,89

3000 Meter Hindernis | 21.6.2015

1.	Krystian Zalewski	POL	8:37,51
2.	Nikolay Chavkin	RUS	8:39,39
3.	Yuri Floriani	ITA	8:40,47
4.	Martin Grau	GER	8:42,58
5.	Janne Ukonmaanaho	FIN	8:43,67
6.	Fernando Carro	ESP	8:44,46
7.	Vadym Slobodenyuk	UKR	8:44,93
8.	Daniel Lundgren	SWE	8:46,73
9.	Yoann Kowal	FRA	8:51,85
10.	Zak Seddon	GBR	8:56,57
11.	Illia Slavinski	BLR	8:59,09
12.	Snorre Holtan Løken	NOR	9:03,07

Hochsprung | 20.6.2015

1.	Daniyil Tsyplakov	RUS	2,33
2.	Marco Fassinotti	ITA	2,28
3.	Mateusz Przybylko	GER	2,25
4.	Artsem Naumovich	BLR	2,22
5.	Mickaël Hanany	FRA	2,22
6.	Robbie Grabarz	GBR	2,22
6.	Dmytro Yakovenko	UKR	2,22
8.	Miguel Angel Sancho	ESP	2,22
9.	Mehdi Katib	SWE	2,18
10.	Sylwester Bednarek	POL	2,14
11.	Jussi Viita	FIN	2,09
12.	Kristoffer Nilsen	NOR	2,04

Stabhochsprung | 21.6.2015

1.	Renaud Lavillenie	FRA	5,85
2.	Raphael Holzdeppe	GER	5,85
3.	Piotr Lisek	POL	5,80
4.	Claudio Michel Stecchi	ITA	5,45
5.	Eirik Greibrokk Dolve	NOR	5,45
5.	Aleksandr Gripich	RUS	5,45
7.	Ivan Yeryomin	UKR	5,30
8.	Stanislau Tsivonchyk	BLR	5,30
9.	Jax Thoirs	GBR	5,30
10.	Igor Bychkov	ESP	5,30
11.	Carl Sténson	SWE	5,15
12.	Jouni Marjaniemi	FIN	5,15

Weitsprung | 20.6.2015

1.	Aleksandr Menkov	RUS	8,26
2.	Kafétien Gomis	FRA	8,26
3.	Alyn Camara	GER	8,11w
4.	Andreas Otterling	SWE	7,98w
5.	Taras Neledva	UKR	7,75w
6.	Jean Marie Okutu	ESP	7,69
7.	Kristian Pulli	FIN	7,69
8.	Dan Bramble	GBR	7,61
9.	Tomasz Jaszczuk	POL	7,60
10.	Emanuele Catania	ITA	7,39
11.	Artsem Bandarenka	BLR	7,39
12.	Karsten Warholm	NOR	7,16

Dreisprung | 21.6.2015

1.	Fabrizio Donato	ITA	17,11w
2.	Aleksey Fyodorov	RUS	16,92
3.	Simo Lipsanen	FIN	16,62w
4.	Maksim Niastiarenka	BLR	16,59
5.	Sergio Solanas	ESP	16,57w
6.	Marcel Kornhardt	GER	16,56w
7.	Jean-Marc Pontvianne	FRA	16,42w
8.	Viktor Yastrebov	UKR	16,30w
9.	Adrian Swiderski	POL	16,24
10.	Isak Persson	SWE	16,23w
11.	Dan Bramble	GBR	15,92w
12.	Joakim Urdahl	NOR	14,01

Kugelstoßen | 20.6.2015

1.	David Storl	GER	21,20
2.	Tomasz Majewski	POL	20,23
3.	Pavel Lyzhyn	BLR	20,15
4.	Gaëtan Bucki	FRA	19,45
5.	Aleksandr Lesnoy	RUS	19,42
6.	Borja Vivas	ESP	19,26
7.	Arttu Kangas	FIN	18,76
8.	Daniele Secci	ITA	18,68
9.	Daniel Stahl	SWE	17,56
10.	Dmytro Savytskyy	UKR	17,40
11.	Zane Duquemin	GBR	17,36
12.	Sven Martin Skagestad	NOR	16,96

Diskuswurf | 21.6.2015

1.	Robert Urbanek	POL	63,03
2.	Martin Wierig	GER	60,23
3.	Frank Casanas	ESP	60,01
4.	Hannes Kirchler	ITA	59,03
5.	Lolassonn Djouhan	FRA	58,43
6.	Gleb Sidorchenko	RUS	58,21
7.	Sven Martin Skagestad	NOR	56,83
8.	Zane Duquemin	GBR	55,42
9.	Valery Halubkovich	BLR	54,80
10.	Roman Ryzhyy	UKR	53,79
11.	Pyry Niskala	FIN	51,46
	Daniel Stahl	SWE	nm

Hammerwurf | 20.6.2015

1.	Pawel Fajdek	POL	81,64
2.	Nick Miller	GBR	75,91
3.	Yevhen Vynohradov	UKR	75,91
4.	Sergey Litvinov	RUS	75,45
5.	Marco Lingua	ITA	72,98
6.	Aleh Dubitski	BLR	72,83
7.	Jérôme Bortoluzzi	FRA	72,67
8.	Eivind Henriksen	NOR	71,20
9.	Javier Cienfuegos	ESP	71,05
10.	Tuomas Seppänen	FIN	70,94
11.	Oskar Vestlund	SWE	67,18
12.	Paul Hützen	GER	64,56

Speerwurf | 21.6.2015

1.	Tero Pitkämäki	FIN	84,44
2.	Johannes Vetter	GER	78,97
3.	Valeriy Iordan	RUS	78,32
4.	Norbert Bonvecchio	ITA	77,33
5.	Hubert Chmielak	POL	76,87
6.	Uladzimir Kazlou	BLR	76,26
7.	Gabriel Wallin	SWE	75,99
8.	Oleksandr Pyatnytsya	UKR	71,75
9.	Hakon Løvenskiold Kveseth	NOR	71,53
10.	Killian Durechou	FRA	67,68
11.	Bonne Buwembo	GBR	67,51
12.	Pablo Bugallo	ESP	64,92

Frauen

100 Meter | 20.6.2015

1.	Asha Philip	GBR	11,27
2.	Nataliya Pohrebnyak	UKR	11,29
3.	Ewa Swoboda	POL	11,48
4.	Tatjana Pinto	GER	11,52
5.	Yelizaveta Demirova	RUS	11,62
6.	Jessica Paoletta	ITA	11,76
7.	Ezinne Okparaebo	NOR	11,80
8.	Alina Talay	BLR	11,99
9.	Cristina Lara	ESP	12,13
10.	Jennifer Galais	FRA	12,13
11.	Daniella Busk	SWE	12,14
12.	Milja Thureson	FIN	12,16

200 Meter | 21.6.2015

1.	Nataliya Pohrebnyak	UKR	22,76
2.	Bianca Williams	GBR	23,16
3.	Yekaterina Smirnova	RUS	23,29
4.	Giulia Riva	ITA	23,30
5.	Rebekka Haase	GER	23,46
6.	Anna Kielbasinska	POL	23,46
1.	Maroussia Pare	FRA	23,53
2.	Moa Hjelmer	SWE	23,66
3.	Elisabeth Slettum	NOR	23,76
4.	Estela Garcia	ESP	23,88
5.	Milja Thureson	FIN	24,44
6.	Krystsina Tsimanouskaya	BLR	24,61

4x100 Meter | 20.6.2015

1.	Ukraine	UKR	42,50
	(Strohova; Pohrebnyak; Kashcheyeva; Stuy)		
2.	Russland	RUS	42,99
	(Panteleyeva; Ryzhova; Demirova; Smirnova)		
3.	Deutschland	GER	43,21
	(Kwadwo; Pinto; Haase; Burghardt)		
4.	Polen	POL	43,28
5.	Italien	ITA	43,72
6.	Frankreich	FRA	43,84
7.	Norwegen	NOR	43,94
8.	Schweden	SWE	44,04
9.	Spanien	ESP	44,19
10.	Weißrussland	BLR	44,41
11.	Großbritannien	GBR	44,68
12.	Finnland	FIN	45,06

400 Meter | 20.6.2015

1.	Floria Guei	FRA	51,55
2.	Mariya Mikhailyuk	RUS	51,59
3.	Libania Grenot	ITA	51,82
4.	Margaret Adeoye	GBR	52,07
5.	Ruth Sophia Spelmeyer	GER	52,61
6.	Justyna Swiety	POL	52,67
7.	Viktoriya Tkachuk	UKR	53,46
8.	Aauri Lorena Bokesa	ESP	53,56
9.	Ilona Usovich	BLR	53,92
10.	Josefin Magnusson	SWE	54,16
11.	Tara Marie Norum	NOR	54,37
12.	Katri Mustola	FIN	55,00

4x400 Meter | 21.6.2015

1.	Russland	RUS	3:24,98
	(Mamina; Zadorina; Ryzhova; Mikhailyuk)		
2.	Frankreich	FRA	3:28,84
	(Diarra; Raharolahy; Sananes; Guei)		
3.	Ukraine	UKR	3:29,79
	(Tkachuk; Lohvynenko; Bibik; Zemlyak)		
4.	Italien	ITA	3:29,83
5.	Deutschland	GER	3:29,86
	(Spelmeyer; Möhlenkamp; Klopsch; Hering)		
6.	Großbritannien	GBR	3:30,01
7.	Polen	POL	3:30,18
8.	Weißrussland	BLR	3:32,33
9.	Spanien	ESP	3:35,48
10.	Schweden	SWE	3:35,80
11.	Norwegen	NOR	3:36,22
12.	Finnland	FIN	3:44,36

800 Meter | 20.6.2015

1.	Renelle Lamote	FRA	2:00,18
2.	Joanna Jozwik	POL	2:00,30
3.	Anastasiya Tkachuk	UKR	2:00,72
4.	Maryna Arzamasova	BLR	2:00,87
5.	Anastasiya Bazdyreva	RUS	2:01,06
6.	Fabienne Kohlmann	GER	2:01,27
7.	Esther Guerrero	ESP	2:02,99
8.	Alison Leonard	GBR	2:03,06
9.	Trine Mjaland	NOR	2:03,32
10.	Lovisa Lindh	SWE	2:04,14
11.	Irene Baldessari	ITA	2:04,23
12.	Aino Paunonen	FIN	2:06,90

1500 Meter | 21.6.2015

1.	Anna Shchagina	RUS	4:15,22
2.	Karoline Bjerkeli Grøvdal	NOR	4:16,22
3.	Rhianwedd Price	GBR	4:16,59
4.	Angelika Cichocka	POL	4:16,77
5.	Tamara Tverdostup	UKR	4:17,09
6.	Corinna Harrer	GER	4:17,81
7.	Margherita Magnani	ITA	4:18,04
8.	Anna Silvander	SWE	4:18,85
9.	Ophélie Claude-Boxberger	FRA	4:19,07
10.	Solange Andreia Pereira	ESP	4:20,61
11.	Volha Rulevich	BLR	4:21,21
12.	Zenitha Eriksson	FIN	4:36,40

3000 Meter | 20.6.2015

1.	Sofia Ennaoui	POL	9:20,39
2.	Maren Kock	GER	9:20,82
3.	Yelena Korobkina	RUS	9:20,93
4.	Sviatlana Kudzelich	BLR	9:24,12
5.	Margherita Magnani	ITA	9:24,81
6.	Clémence Calvin	FRA	9:26,18
7.	Lidia Rodriguez	ESP	9:27,64
8.	Lauren Deadman	GBR	9:28,84
9.	Klara Bodinson	SWE	9:32,84
10.	Nataliya Tobias	UKR	9:33,54
11.	Oona Kettunen	FIN	9:35,20
12.	Elisabeth Angell Bergh	NOR	10:02,81

5000 Meter | 21.6.2015

1.	Renata Plis	POL	15:49,29
2.	Volha Mazuronak	BLR	15:51,89
3.	Clémence Calvin	FRA	15:53,28
4.	Gulshat Fazlitdinova	RUS	15:57,50
5.	Viktoriya Pohoryelska	UKR	15:57,75
6.	Silvia Weissteiner	ITA	16:15,09
7.	Trihas Gebre	ESP	16:34,94
8.	Lily Partridge	GBR	16:42,61
9.	Diana Sujew	GER	16:46,43
10.	Oona Kettunen	FIN	16:51,54
11.	Louise Nilsson	SWE	17:00,94
12.	Live Solheimdal	NOR	17:21,45

100 Meter Hürden | 21.6.2015

1.	Alina Talay	BLR	12,80
2.	Nina Morozova	RUS	12,85
3.	Cindy Roleder	GER	12,92
4.	Karolina Koleczek	POL	13,03
5.	Cindy Billaud	FRA	13,06
6.	Hanna Plotitsyna	UKR	13,44
7.	Caridad Jerez	ESP	13,47
8.	Serita Solomon	GBR	13,54
9.	Isabelle Pedersen	NOR	13,56
10.	Giada Carmassi	ITA	13,68
11.	Caroline Tegel	SWE	13,95
12.	Viivi Avikainen	FIN	14,13

400 Meter Hürden | 20.6.2015

1.	Eilidh Child	GBR	54,46
2.	Anna Titimets	UKR	54,75
3.	Yadisleidy Pedroso	ITA	55,18
4.	Vera Rudakova	RUS	55,83
5.	Elise Malmberg	SWE	56,06
6.	Katsiaryna Artsiukh	BLR	56,36
7.	Joanna Linkiewicz	POL	56,47
8.	Aurelie Chaboudez	FRA	56,76
9.	Christiane Klopsch	GER	56,78
10.	Anniina Laitinen	FIN	58,01
11.	Laura Sotomayor	ESP	58,29
12.	Marlen Aakre	NOR	59,76

3000 Meter Hindernis | 20.6.2015

1.	Gesa Felicitas Krause	GER	9:46,49
2.	Lennie Waite	GBR	9:59,75
3.	Emma Oudiou	FRA	10:01,02
4.	Diana Martin	ESP	10:02,63
5.	Camilla Richardsson	FIN	10:03,02
6.	Katarzyna Kowalska	POL	10:03,44
7.	Charlotta Fougberg	SWE	10:06,37
8.	Mariya Shatalova	UKR	10:09,34
9.	Nastassia Puzakova	BLR	10:11,39
10.	Valeria Roffino	ITA	10:18,10
11.	Yekaterina Ivonina	RUS	10:34,55
12.	Karoline E. Skatteboe	NOR	10:44,13

Hochsprung | 21.6.2015

1.	Mariya Kuchina	RUS	1,99
2.	Ruth Beitia	ESP	1,97
3.	Kamila Licwinko	POL	1,97
4.	Erika Kinsey	SWE	1,97
5.	Iryna Herashchenko	UKR	1,94
6.	Marie-Laurence Jungfleisch	GER	1,94
6.	Isobel Pooley	GBR	1,94
8.	Alessia Trost	ITA	1,94
9.	Yana Maksimava	BLR	1,84
10.	Tonje Angelsen	NOR	1,84
10.	Sini Lällä	FIN	1,84
12.	Mélanie Skotnik	FRA	1,80

Stabhochsprung | 20.6.2015

1.	Silke Spiegelburg	GER	4,75
2.	Anzhelika Sidorova	RUS	4,70
3.	Angelica Bengtsson	SWE	4,60
4.	Minna Nikkanen	FIN	4,40
5.	Naroa Agirre	ESP	4,40
5.	Marion Lotout	FRA	4,40
7.	Sally Peake	GBR	4,25
8.	Katrine Haarklau	NOR	4,25
9.	Iryna Yakaltsevich	BLR	4,10
10.	Kateryna Kozlova	UKR	3,95
11.	Justyna Smietanka	POL	3,75
	Sonia Malavisi	ITA	nh

Weitsprung | 21.6.2015

1.	Darya Klishina	RUS	6,95
2.	Volha Sudareva	BLR	6,86
3.	Sosthene T. Moguenara	GER	6,79
4.	Erica Jarder	SWE	6,53w
5.	Diane Barras	FRA	6,52w
6.	Jazmin Sawyers	GBR	6,39
7.	Krystyna Hryshutyna	UKR	6,33
8.	Tania Vicenzino	ITA	6,29
9.	Concepcion Montaner	ESP	6,27
10.	Nadia Akpana Assa	NOR	6,21
11.	Karolina Zawila	POL	6,09
12.	Sanna Nygard	FIN	5,97

Dreisprung | 20.6.2015

1.	Yekaterina Koneva	RUS	14,98w
2.	Kristin Gierisch	GER	14,46w
3.	Simona La Mantia	ITA	14,22
4.	Laura Samuel	GBR	14,06
5.	Ana Peleteiro	ESP	14,03
6.	Jeanine Assani Issouf	FRA	13,97w
7.	Kristiina Mäkelä	FIN	13,88
8.	Tetyana Ptashkina	UKR	13,83
9.	Anna Starzak	POL	13,55
10.	Ksenia Dziatsuk	BLR	13,43w
11.	Malin Marmbrandt	SWE	12,75
12.	Monika Benserud	NOR	12,10w

Kugelstoßen | 21.6.2015

1.	Christina Schwanitz	GER	19,82
2.	Irina Tarasova	RUS	18,51
3.	Aliona Dubitskaya	BLR	18,38
4.	Chiara Rosa	ITA	17,88
5.	Paulina Guba	POL	16,87
6.	Fanny Roos	SWE	16,83
7.	Jessica Cérival	FRA	16,76
8.	Halyna Obleshchuk	UKR	16,69
9.	Ursula Ruiz	ESP	16,61
10.	Rachel Wallader	GBR	15,50
11.	Kristin Sundsteigen	NOR	14,21
12.	Eveliina Rouvali	FIN	13,21

Diskuswurf | 20.6.2015

1.	Mélina Robert-Michon	FRA	62,24
2.	Zaneta Glanc	POL	58,92
3.	Sanna Kämäräinen	FIN	58,53
4.	Nataliya Semenova	UKR	58,03
5.	Julia Fischer	GER	57,74
6.	Sabina Asenjo	ESP	56,16
7.	Yekaterina Strokova	RUS	56,10
8.	Sofia Larsson	SWE	54,88
9.	Valentina Aniballi	ITA	52,79
10.	Kirsty Law	GBR	50,93
11.	Grete Etholm	NOR	48,04
12.	Nastassia Kashtanava	BLR	46,45

Hammerwurf |21.6.2015

1.	Anita Wlodarczyk	POL	78,28
2.	Betty Heidler	GER	75,73
3.	Alexandra Tavernier	FRA	74,05
4.	Alena Sobaleva	BLR	72,86
5.	Sophie Hitchon	GBR	71,89
6.	Oksana Kondratyeva	RUS	71,07
7.	Iryna Novozhylova	UKR	69,25
8.	Eleni Larsson	SWE	68,76
9.	Silvia Salis	ITA	67,80
10.	Merja Korpela	FIN	66,50
11.	Berta Castells	ESP	65,51
12.	Beatrice Nedberge Llano	NOR	64,40

Speerwurf | 20.6.2015

1.	Christina Obergföll	GER	61,69
2.	Tatsiana Khaladovich	BLR	61,08
3.	Jenni Kangas	FIN	55,33
4.	Sara Jemai	ITA	54,86
5.	Anna Wessman	SWE	54,35
6.	Mercedes Chilla	ESP	54,02
7.	Hanna Hatsko-Fedusova	UKR	53,84
8.	Laura Whittingham	GBR	53,49
9.	Marta Kakol	POL	53,44
10.	Matilde Andraud	FRA	52,93
11.	Viktoriya Sudarushkina	RUS	52,19
12.	Sigrid Borge	NOR	49,63

Männer

100 Meter (-0,2) | 25.7.2015

1.	Julian Reus	10,12
2.	Aleixo Platini Menga	10,32
3.	Robert Hering	10,35
4.	Peter Emelieze	10,37
5.	Lucas Jakubczyk	10,42
6.	Roy Schmidt	10,44
7.	Alexander Kosenkow	10,46
8.	Badreddine Toumi	10,51

200 Meter (+1,0) | 26.7.2015

1.	Julian Reus	20,42
2.	Robin Erewa	20,73
3.	Robert Hering	20,89
4.	Martin Brieger	21,04
5.	Alexander Kosenkow	21,14
6.	Florian Daum	21,33
7.	Marcel Kirstges	21,40
8.	Dennis Herdt	21,70

4x100 Meter | 26.7.2015

1.	TV Wattenscheid 1	39,34
	(Ruth; Reus; Kosenkow; Erewa)	
2.	SC DHfK Leipzig	39,42
	(Balnuweit; Keller; Schmidt; Hering)	
3.	LG OVAG Friedberg-Fauerbach	39,84
	(Hieronymi; Daum; Pohl; Göltl)	
4.	TSV Bayer 04 Leverkusen	40,27
5.	MTG Mannheim	40,40
6.	TV Wattenscheid 2	40,42
7.	LG Rhein-Wied	40,42
8.	LG Kindelsberg Kreuztal	40,86

400 Meter | 26.7.2015

1.	Eric Krüger	46,05
2.	Kamghe Gaba	46,32
3.	Jonas Plass	46,34
4.	Johannes Trefz	46,44
5.	Torben Junker	46,98
6.	Robert Hind	47,06
6.	Alexander Juretzko	47,06
8.	Benedikt Wiesend	47,62

4x400 Meter I 26.7.2015

1.	SC Magdeburg	3:09,65
	(Vodel; Helbig; Lawnik; Krüger)	
2.	LG Stadtwerke München	3:10,38
	(Wiesend; Gaba; Kiefl; Trefz)	
3.	TSG Bergedorf	3:12,51
	(Gnoss; Eichholz; M. Krempin; J. Krempin)	
4.	LT DSHS Köln	3:13,47
5.	LG Nord Berlin	3:14,84
6.	VfL Sindelfingen	3:16,62
7.	TV Herkenrath	3:17,01
8.	LAC Quelle Fürth	3:17,59

800 Meter | 26.7.2015

1.	Dennis Krüger	1:48,93
2.	Robin Schembera	1:48,96
3.	Sören Ludolph	1:49,15
4.	Denis Bäuerle	1:49,41
5.	Benedikt Huber	1:50,03
6.	Christoph Kessler	1:50,45
7.	Sebastian Karl	1:50,46
8.	Jan Riedel	1:51,04

1500 Meter | 26.7.2015

1.	Florian Orth	3:44,61
2.	Sebastian Keiner	3:44,62
3.	Marius Probst	3:46,27
4.	Martin Sperlich	3:48,13
5.	Sebastian Schenk	3:48,36
6.	Viktor Kuk	3:49,10
7.	René Menzel	3:50,16
8.	Maximilian Thorwirth	3:51,59

5000 Meter | 26.7.2015

1.	Richard Ringer	14:04,05
2.	Clemens Bleistein	14:06,48
3.	Amanal Petros	14:06,88
4.	Jannik Arbogast	14:09,21
5.	Jens Nerkamp	14:14,69
6.	Mitku Seboka	14:14,95
7.	Thorben Dietz	14:22,45
8.	Karsten Meier	14:25,16

110 Meter Hürden (+0,4) | 25.7.2015

1.	Gregor Traber	13,32
2.	Matthias Bühler	13,43
3.	Erik Balnuweit	13,58
4.	Julian Marquart	13,82
5.	Maximilian Bayer	13,93
6.	David Klöckner	14,12
7.	Niklas Rippon	14,30
	Alexander John	dnf

400 Meter Hürden | 26.7.2015

1.	Jonas Hanßen	49,97
2.	Georg Fleischhauer	50,74
3.	Christian Heimann	50,93
4.	Florian Handt	51,50
5.	Nils Weispfennig	52,42
6.	Yannik Frers	52,78
7.	Mario Saur	52,86
8.	Quentin Seigel	55,08

3000 Meter Hindernis | 26.7.2015

1.	Martin Grau	8:41,50
2.	Felix Hentschel	8:46,53
3.	Hannes Liebach	8:51,56
4.	Nico Sonnenberg	8:51,82
5.	Fabian Clarkson	8:52,02
6.	Valentin Unterholzner	8:53,51
7.	Konstantin Wedel	8:53,51
8.	Marvin Karsch	8:57,93

Hochsprung | 25.7.2015

1.	David Nopper	2,25
2.	Eike Onnen	2,25
3.	Mateusz Przybylko	2,19
4.	Tobias Potye	2,15
4.	Raúl Spank	2,15
6.	Sebastian Schultz	2,15
7.	Tim Schenker	2,15
8.	Martin Günther	2,15

Stabhochsprung | 26.7.2015

1.	Raphael Holzdeppe	5,94
2.	Tobias Scherbarth	5,70
3.	Carlo Paech	5,60
4.	Hendrik Gruber	5,50
5.	Florian Gaul	5,40
6.	Daniel Clemens	5,40
7.	Marvin Caspari	5,30
8.	Michel Frauen	5,30

Weitsprung | 24.7.2015

1.	Fabian Heinle	8,03
2.	Alyn Camara	7,97
3.	Julian Howard	7,81
4.	Kai Kazmirek	7,67
5.	Stephan Hartmann	7,58
6.	Florian Oswald	7,48
7.	Jan Uder	7,40
8.	Michael Schrader	7,29
aW	Markus Rehm	8,11

Dreisprung | 25.7.2015

1.	Raúl Spank	16,29
2.	Marcel Kornhardt	16,05
3.	Martin Jasper	15,91
4.	Felix Wenzel	15,86
5.	Andreas Pohle	15,66
6.	Martin Seiler	15,57w
7.	Manuel Ziegler	15,38
8.	Tobias Hell	15,26

Kugelstoßen | 26.7.2015

1.	David Storl	21,47
2.	Tobias Dahm	19,83
3.	Bodo Göder	19,02
4.	Christian Jagusch	18,97
5.	Dennis Lewke	18,72
6.	Jan Josef Jeuschede	18,04
7.	Patrick Müller	17,83
8.	Eric Millrath	17,77

Diskuswurf | 26.7.2015

1.	Christoph Harting	64,06
2.	Martin Wierig	63,55
3.	Markus Münch	61,61
4.	David Wrobel	60,83
5.	Daniel Jasinski	60,77
6.	Benedikt Stienen	58,39
7.	Michael Salzer	56,77
8.	Henning Prüfer	55,51

Hammerwurf | 26.7.2015

1.	Alexander Ziegler	73,91
2.	Markus Esser	72,32
3.	Garland Porter	69,83
4.	Johannes Bichler	68,94
5.	Simon Lang	66,96
6.	Paul Hützen	66,64
7.	Tristan Schwandke	66,10
8.	Sven Möhsner	65,40

Speerwurf | 25.7.2015

1.	Thomas Röhler	84,73
2.	Johannes Vetter	83,12
3.	Lars Hamann	81,03
4.	Andreas Hofmann	79,21
5.	Kim-Dominik Seyfried	74,89
6.	Bernhard Seifert	73,35
7.	Jonas Bonewit	73,03
8.	David Golling	72,39

Da kann man schon einmal ausflippen
Hochspringer David Nopper flog in Nürnberg zu seinem ersten Titel bei den Erwachsenen. Der 20-Jährige stellte mit 2,25 Metern seine erst einen guten Monat alte Bestleistung ein und bezwang mit Eike Onnen, Raúl Spank, Martin Günther und Mateusz Przybylko gleich vier 2,30-Meter-Springer

Medaillensammlerin
Rebekka Haase sprintete nicht nur bei der DM zu Gold über 200 und Silber über 100 Meter. Die 22-Jährige vom LV 90 Erzgebirge holte zudem bei der U23-EM Gold über 100, 200 und 4x100 Meter, Bronze bei den World Relays auf den Bahamas und Gold bei der Hallen-DM über 200 Meter

Frauen

100 Meter (+1,3) | 25.7.2015		
1.	Verena Sailer	11,20
2.	Rebekka Haase	11,29
3.	Anna-Lena Freese	11,32
4.	Alexandra Burghardt	11,42
5.	Yasmin Kwadwo	11,42
6.	Inna Weit	11,56
7.	Christina Haack	11,58
8.	Amelie-Sophie Lederer	11,66

200 Meter (+1,0) | 26.7.2015		
1.	Rebekka Haase	22,95
2.	Anna-Lena Freese	23,08
3.	Cindy Roleder	23,35
4.	Inna Weit	23,35
5.	Lena Malkus	23,75
6.	Lara Matheis	23,89
7.	Sandra Dinkeldein	24,14
8.	Eleni Frommann	24,35

4x100 Meter | 26.7.2015		
1.	MTG Mannheim	43,42
	(Kwadwo; Burghardt; Lobe; Sailer)	
2.	LC Paderborn	45,21
	(Elsler; Kölsch; Weit; Thimm)	
3.	LT DSHS Köln 1	45,77
	(Heitgen; Salterberg; Möhlenk.; Naumann)	
4.	LG Rhein-Wied	46,26
5.	LT DSHS Köln 2	46,27
6.	CLV Siegerland	46,37
7.	SV Werder Bremen	46,66
8.	LAC Quelle Fürth	46,75

400 Meter | 26.7.2015		
1.	Ruth Sophia Spelmeyer	52,41
2.	Laura Müller	52,51
3.	Luisa Valeske	53,95
4.	Daniela Ferenz	54,18
5.	Sarah Schmidt	54,21
6.	Julia Schaefers	54,38
7.	Friederike Möhlenkamp	54,55
8.	Malena Richter	54,85

4x400 Meter | 26.7.2015

1.	TSV Bayer 04 Leverkusen 1 (Schäfers; Hogrebe; Förster; Walter)	3:35,99
2.	LT DSHS Köln (Richter; Schmidt; Naumann; Möhlenk.)	3:38,53
3.	LG Stadtwerke München (Hering; Gess; Riedl; Pilawa)	3:39,36
4.	SCC Berlin	3:39,92
5.	TV Wattenscheid 01	3:41,70
6.	TSV Bayer 04 Leverkusen 2	3:45,06
7.	LG Karlstadt-Gambach-Lohr	3:45,39
8.	LG Olympia Dortmund	3:45,96

800 Meter | 26.7.2015

1.	Fabienne Kohlmann	1:59,28
2.	Christina Hering	1:59,54
3.	Carolin Walter	2:03,47
4.	Stella Kubasch	2:04,54
5.	Mareen Kalis	2:06,02
6.	Johanna Schulz	2:06,27
7.	Christina Zwirner	2:06,55
8.	Tanja Spill	2:06,65

1500 Meter | 26.7.2015

1.	Maren Kock	4:09,25
2.	Konstanze Klosterhalfen	4:09,58
3.	Hanna Klein	4:09,91
4.	Diana Sujew	4:15,15
5.	Anja Roggel	4:17,27
6.	Elina Sujew	4:17,77
7.	Julia Kick	4:18,34
8.	Tabea Themann	4:18,95

5000 Meter | 25.7.2015

1.	Alina Reh	15:51,48
2.	Sabrina Mockenhaupt	16:10,16
3.	Laura Hottenrott-Freitag	16:14,93
4.	Isabell Teegen	16:31,55
5.	Regina Högl	16:34,21
6.	Fabienne Amrhein	16:35,38
7.	Melina Tränkle	16:36,54
8.	Anja Schneider	16:39,62

100 Meter Hürden (-0,1) | 25.7.2015

1.	Cindy Roleder	13,05
2.	Franziska Hofmann	13,29
3.	Eva Strogies	13,46
4.	Carolin Schäfer	13,58
5.	Monika Zapalska	13,64
6.	Tanja Heitgen	13,72
7.	Claudia Rath	13,84
8.	Christine Salterberg	13,94

400 Meter Hürden | 26.7.2015

1.	Jackie Baumann	57,18
2.	Anna Raukuc	58,13
3.	Frederike Hogrebe	58,72
4.	Kim Carina Schmidt	59,04
5.	Judith Stadelbacher	59,55
6.	Djamila Böhm	60,11
7.	Karolina Pahlitzsch	60,25
8.	Franziska Kindt	60,68

3000 Meter Hindernis | 26.7.2015

1.	Gesa Felicitas Krause	9:32,20
2.	Maya Rehberg	9:54,72
3.	Sanaa Koubaa	9:57,01
4.	Jana Sussmann	10:01,80
5.	Cornelia Griesche	10:02,66
6.	Julia Hiller	10:35,06
7.	Lena Knirsch	10:40,95
8.	Jana Palmowski	10:42,93

Hochsprung | 26.7.2015

1.	Marie-Laurence Jungfleisch	1,95
2.	Katarina Mögenburg	1,84
3.	Imke Onnen	1,84
4.	Mélanie Skotnik	1,80
5.	Jossie Graumann	1,80
6.	Nadja Kampschulte	1,75
6.	Carolin Schäfer	1,75
8.	Kerstin Geisweiler	1,70

Stabhochsprung | 25.7.2015

1.	Lisa Ryzih	4,60
2.	Martina Strutz	4,55
3.	Silke Spiegelburg	4,45
4.	Katharina Bauer	4,35
5.	Carolin Hingst	4,25
6.	Anjuli Knäsche	4,25
7.	Anna Felzmann	4,25
8.	Lilli Schnitzerling	4,15

Weitsprung | 24.7.2015

1.	Lena Malkus	6,74
2.	Sosthene Taroum Moguenara	6,65
3.	Nadja Käther	6,56
4.	Melanie Bauschke	6,52
5.	Claudia Rath	6,52
6.	Xenia Stolz	6,48
7.	Alexandra Wester	6,40
8.	Annika Gärtz	6,38

Dreisprung | 26.7.2015

1.	Kristin Gierisch	14,38
2.	Jenny Elbe	13,89
3.	Klaudia Kaczmarek	13,24
4.	Eva Linnenbaum	13,24
5.	Katja Demut	13,14
6.	Katharina Struß	13,10
7.	Birte Damerius	12,93
8.	Isabella Marten	12,91

Kugelstoßen | 25.7.2015

1.	Christina Schwanitz	20,00
2.	Lena Urbaniak	17,28
3.	Denise Hinrichs	17,19
4.	Josephine Terlecki	17,03
5.	Sara Gambetta	16,84
6.	Shanice Craft	16,38
7.	Katharina Maisch	15,72
8.	Sarah Schmidt	15,48

Diskuswurf | 25.7.2015

1.	Julia Fischer	65,98
2.	Nadine Müller	65,72
3.	Shanice Craft	64,79
4.	Anna Rüh	61,97
5.	Claudine Vita	58,32
6.	Sabine Rumpf	57,11
7.	Kristin Pudenz	56,00
8.	Marike Steinacker	53,76

Hammerwurf | 25.7.2015

1.	Betty Heidler	75,34
2.	Kathrin Klaas	67,84
3.	Charlene Woitha	67,03
4.	Daniela Manz	65,07
5.	Susen Küster	60,13
6.	Venessa Pfeifer	58,77
7.	Maximiliane Langguth	55,27
8.	Katharina Mähring	54,07

Speerwurf | 26.7.2015

1.	Katharina Molitor	65,40
2.	Christina Obergföll	64,11
3.	Linda Stahl	62,57
4.	Christin Hussong	61,19
5.	Sarah Leidl	56,89
6.	Sarah Mayer	56,78
7.	Laura Henkel	52,77
8.	Charlotte Müller	52,56

Sturmlauf
In einem spannenden Finish setzte sich Richard Ringer bei der Hallen-DM gegen Florian Orth durch. Später im Jahr sicherte er sich noch den Titel im Freien und war auch bei der Team-EM der Schnellste

Männer

60 Meter | 21.2.2015

1.	Christian Blum	6,57
2.	Lucas Jakubczyk	6,58
3.	Julian Reus	6,61
4.	Alex Schaf	6,70
5.	Aleixo Platini Menga	6,71
6.	Robert Polkowski	6,77
7.	Peter Emelieze	6,77
	Patrick Domogala	DNF

200 Meter | 22.2.2015

1.	Robin Erewa	20,70
2.	Lucas Jakubczyk	20,76
3.	Patrick Domogala	20,94
4.	Alexander Kosenkow	21,10
5.	Robert Hering	21,80
6.	Christian Kiemstedt	21,88

4x200 Meter | 22.2.2015

1.	TV Wattenscheid 01 1	1:24,82
	(Erewa; Ernst; Kosenkow; Ruth)	
2.	LT DSHS Köln 1	1:25,97
	(Polkowski; Rigau; Schneider; Willmann)	
3.	LG Stadtwerke München	1:27,30
	(Wiesend; Gollnow; Rasp; Giehl)	
4.	LG Rhein-Wied	1:28,34
5.	LG Hannover	1:30,61
6.	LT DSHS Köln 2	1:30,93
7.	LG Nord Berlin	1:31,04
	LG Kindelsberg Kreuztal	dnf
	LG Olympia Dortmund	dnf
	TV Wattenscheid 01 2	dq

400 Meter | 22.2.2015

1.	Alexander Gladitz	46,88
2.	Thomas Schneider	46,96
3.	Robert Hind	47,34
4.	Miguel Rigau	47,60
5.	Torben Junker	48,06
6.	Lukas Hamich	48,08

800 Meter | 22.2.2015

1.	Robin Schembera	1:50,14
2.	Sebastian Keiner	1:50,18
3.	Jan Riedel	1:50,55
4.	Andreas Lange	1:50,91
5.	Marius Probst	1:50,99
6.	Patrick Schoenball	1:51,13
7.	Sebastian Karl	1:51,13
8.	Christoph Kessler	1:51,30

1500 Meter | 22.2.2015

1.	Homiyu Tesfaye	3:41,68
2.	Florian Orth	3:41,85
3.	Undessa Abdi Uya	3:46,48
4.	Martin Sperlich	3:48,71
5.	Simon Huckestein	3:49,84
6.	Carl Philip Heising	3:51,42
7.	René Menzel	3:51,74
8.	Boris Rein	3:52,29

3000 Meter | 21.2.2015

1.	Richard Ringer	8:29,57
2.	Florian Orth	8:29,61
3.	Clemens Bleistein	8:29,95
4.	Philipp Reinhardt	8:31,30
5.	Taher Belkorchi	8:32,13
6.	Jannik Arbogast	8:32,98
7.	Hannes Liebach	8:34,74
8.	Karsten Meier	8:35,67

60 Meter Hürden | 22.2.2015

1.	Erik Balnuweit	7,65
2.	Alexander John	7,82
3.	Martin Vogel	7,86
4.	Julian Marquart	7,92
5.	Florian Lickteig	7,97
6.	Richard Bienasch	8,02
7.	Fabian Fleischmann	8,02
	Maximilian Bayer	dq

Hochsprung | 22.2.2015

1.	Mateusz Przybylko	2,26
2.	Eike Onnen	2,15
3.	Martin Günther	2,15
4.	Tobias Potye	2,15
5.	David Nopper	2,15
6.	Bastian Rudolf	2,10
7.	Philipp Erfurth	2,10
8.	Torsten Sanders	2,10
8.	René Stauß	2,10

Stabhochsprung | 22.2.2015

1.	Tobias Scherbarth	5,70
2.	Carlo Paech	5,65
3.	Marvin Caspari	5,45
4.	Daniel Clemens	5,35
5.	Tim Jaeger	5,25
6.	Hendrik Gruber	5,25
7.	Julius Stracke	4,95
	Karsten Dilla	nh
	Raphael Holzdeppe	nh
	Oleg Zernikel	nh

Wenn die Welt mal kurz Kopf steht ...
... muss das nichts Schlimmes bedeuten. Hochspringer Mateusz Przybylko stieg in diesem Sommer in den Club der 2,30-Meter-Springer auf. Bei der Hallen-DM hatten ihm noch 2,26 Meter zum Sieg gereicht

Weitsprung | 21.2.2015		
1.	Alyn Camara	7,97
2.	Julian Howard	7,95
3.	Fabian Heinle	7,75
4.	Max Heß	7,72
5.	Stephan Hartmann	7,63
6.	Stephan Zenker	7,58
7.	Philipp Schneider	7,52
8.	Matthias Prey	7,51

Dreisprung | 22.2.2015		
1.	Marcel Kornhardt	16,21
2.	Max Heß	16,18
3.	Andreas Pohle	15,88
4.	Felix Wenzel	15,80
5.	Martin Jasper	15,72
6.	Martin Seiler	15,57
7.	Max Pietza	15,12
8.	Martin Groschopp	15,12

Kugelstoßen | 21.2.2015		
1.	David Storl	21,26
2.	Tobias Dahm	19,61
3.	Christian Jagusch	19,27
4.	Bodo Göder	18,96
5.	Patrick Müller	18,83
6.	Dennis Lewke	18,67
7.	Hendrik Müller	18,29
8.	Leonid Ekimov	18,29

Frauen

60 Meter | 21.2.2015		
1.	Verena Sailer	7,12
2.	Alexandra Burghardt	7,24
3.	Rebekka Haase	7,27
4.	Yasmin Kwadwo	7,28
5.	Inna Weit	7,31
6.	Chantal Butzek	7,37
7.	Katharina Grompe	7,40
8.	Christina Haack	7,43

200 Meter | 22.2.2015		
1.	Rebekka Haase	23,12
2.	Nadine Gonska	23,30
3.	Christina Haack	23,83
4.	Svea Köhrbrück	24,34
5.	Lara Matheis	24,75
6.	Ina Thimm	24,91

4x200 Meter | 22.2.2015		
1.	LT DSHS Köln	1:37,07
	(Möhlenk.; Salterberg; Günther; Naumann)	
2.	TV Wattenscheid 01	1:37,59
	(Haack; Dutkiewicz; Zapalska; Dix)	
3.	LC Paderborn	1:37,83
	(Weit; Thimm; Menne; Kölsch)	
4.	TSV Bayer 04 Leverkusen	1:37,99
5.	SC Preußen Münster	1:38,30
6.	LG Stadtwerke München	1:38,32
7.	LG Rhein-Wied	1:42,16
	LAC Quelle Fürth	dnf

400 Meter | 22.2.2015		
1.	Ruth Sophia Spelmeyer	52,99
2.	Christiane Klopsch	53,69
3.	Daniela Ferenz	53,93
4.	Janin Lindenberg	54,36
5.	Julia Schaefers	54,48
6.	Anna Raukuc	54,91

800 Meter | 22.2.2015		
1.	Christina Hering	2:05,61
2.	Kerstin Marxen	2:06,63
3.	Mareen Kalis	2:07,11
4.	Anja Roggel	2:08,22
5.	Sarah Schmidt	2:08,41
6.	Christina Zwirner	2:08,61
7.	Laura Vierbaum	2:09,00
8.	Lena Menzel	2:10,32

1500 Meter | 22.2.2015		
1.	Maren Kock	4:13,72
2.	Konstanze Klosterhalfen	4:15,25
3.	Thea Heim	4:16,61
4.	Tabea Themann	4:18,64
5.	Hanna Klein	4:20,19
6.	Lena Klaassen	4:23,23
7.	Johanna Schulz	4:23,43
8.	Tanja Spill	4:28,38

3000 Meter | 22.2.2015		
1.	Gesa Felicitas Krause	9:04,84
2.	Elina Sujew	9:07,74
3.	Alina Reh	9:08,53
4.	Maya Rehberg	9:36,37
5.	Fabienne Amrhein	9:41,61
6.	Mares-Elaine Strempler	9:44,05
7.	Anna-Katharina Plinke	9:44,08
8.	Isabelle Heers	9:46,51

60 Meter Hürden | 22.2.2015		
1.	Cindy Roleder	7,99
2.	Pamela Dutkiewicz	8,07
3.	Sabrina Lindenmayer	8,18
4.	Carolin Dietrich	8,21
5.	Eva Strogies	8,27
6.	Ricarda Lobe	8,27
7.	Monika Zapalska	8,34
8.	Christine Salterberg	8,44

Hochsprung | 22.2.2015		
1.	Imke Onnen	1,86
2.	Alexandra Plaza	1,83
3.	Katarina Mögenburg	1,80
3.	Carolin Schäfer	1,80
3.	Mélanie Skotnik	1,80
6.	Julia Stockmann	1,80
7.	Kerstin Geisweiler	1,75
7.	Laura Voß	1,75

Stabhochsprung | 21.2.2015		
1.	Lisa Ryzih	4,55
2.	Katharina Bauer	4,50
3.	Martina Strutz	4,45
4.	Annika Roloff	4,40
5.	Desiree Singh	4,20
6.	Lilli Schnitzerling	4,20
7.	Anjuli Knäsche	4,10
8.	Friedelinde Petershofen	4,10

Weitsprung | 22.2.2015		
1.	Sosthene Taroum Moguenara	6,68
2.	Xenia Stolz	6,55
3.	Lisa Kurschilgen	6,48
4.	Melanie Bauschke	6,48
5.	Lisa Steinkamp	6,36
6.	Lena Malkus	6,35
7.	Klaudia Kaczmarek	6,11
8.	Sarah Knobe	6,07

Dreisprung | 21.2.2015		
1.	Kristin Gierisch	14,11
2.	Katja Demut	14,10
3.	Elina Sterzing	13,20
4.	Sabrina Mickenautsch	13,04
5.	Birte Damerius	12,97
6.	Klaudia Kaczmarek	12,80
7.	Katharina Struß	12,57
8.	Lena Fleßner	12,41

Kugelstoßen | 21.2.2015		
1.	Lena Urbaniak	17,79
2.	Denise Hinrichs	17,76
3.	Josephine Terlecki	17,20
4.	Shanice Craft	17,06
5.	Anna Rüh	16,29
6.	Laura Jokeit	15,49
7.	Luise Weber	14,43

Die Chance genutzt
Die Hallensaison fand noch ohne die spätere Weltmeisterin Christina Schwanitz statt. Das nutzte Lena Urbaniak (rechts): Bei den Deutschen Hallenmeisterschaften in Karlsruhe sicherte sich die 22-Jährige ihren ersten Titel bei den Erwachsenen vor Denise Hinrichs.

erima
EVF
Energieversorgung Filstal
Bundeswehr
BARMER GEK
382
RPR1.

ISTAF (6.9.2015)

Männer

100 Meter (+1,1)

1.	Kim Collins	SKN	10,13
2.	Isiah Young	USA	10,17
3.	Christophe Lemaitre	FRA	10,19
4.	Jimmy Vicaut	FRA	10,21
5.	Ramon Gittens	BAR	10,23
6.	Yunier Pérez	CUB	10,27
7.	Richard Kilty	GBR	10,39
8.	Sven Knipphals	GER	10,45
9.	Aleixo Platini Menga	GER	10,49

800 Meter

1.	Nijel Amos	BOT	1:43,28
2.	Adam Kszczot	POL	1:44,22
3.	Mohamed Aman	ETH	1:44,24
4.	Taoufik Makhloufi	ALG	1:44,24
5.	Abdulrahman M. Balla	QAT	1:44,62
6.	Timothy Kitum	KEN	1:46,06
7.	Dennis Krüger	GER	1:47,38
8.	Pierre-Ambroise Bosse	FRA	1:47,96

5000 Meter

1.	Paul Kipsiele Koech	KEN	13:08,86
2.	Hassan Mead	USA	13:10,38
3.	Bernard Lagat	USA	13:17,58
4.	Richard Ringer	GER	13:18,00
5.	Andy Vernon	GBR	13:25,52
6.	Isiah Koech	KEN	13:27,31
7.	Othmane El Goumri	MAR	13:28,59
8.	Haron Lagat	KEN	13:30,95
	Martin Sperlich	GER	dnf

110 Meter Hürden (-0,1)

1.	Alexander Gladitz	46,88
2.	Thomas Schneider	46,96
3.	Robert Hind	47,34
4.	Miguel Rigau	47,60
5.	Torben Junker	48,06
6.	Lukas Hamich	48,08

800 Meter | 22.2.2015

1.	Andrew Riley	JAM	13,40
2.	Shane Brathwaite	BAR	13,42
3.	Balázs Baji	HUN	13,55
4.	Alexander John	GER	13,68
5.	Mikel Thomas	TTO	13,72
6.	Maximilian Bayer	GER	13,97
7.	Kevin Craddock	USA	13,97
8.	William Sharman	GBR	13,98
9.	Koen Smet	NED	14,40

Stabhochsprung

1.	Piotr Lisek	POL	5,74
2.	Konstadínos Filippídis	GRE	5,74
3.	Shawn Barber	CAN	5,64
4.	Paweł Wojciechowski	POL	5,54
5.	Raphael Holzdeppe	GER	5,44
6.	Carlo Paech	GER	5,24
	Robert Sobera	POL	nh
	Kévin Menaldo	FRA	nh
	Renaud Lavillenie	FRA	nh
	Germán Chiaraviglio	ARG	nh

Kugelstoßen

1.	Tom Walsh	NZL	21,47
2.	David Storl	GER	21,19
3.	O'Dayne Richards	JAM	21,05
4.	Ryan Whiting	USA	20,78
5.	Asmir Kolašinac	SRB	20,37
6.	Tomasz Majewski	POL	20,36
7.	Tobias Dahm	GER	19,75
8.	Eric Werskey	USA	19,04

Diskuswurf

1.	Piotr Małachowski	POL	66,13
2.	Christoph Harting	GER	65,15
3.	Robert Urbanek	POL	64,20
4.	Martin Wierig	GER	63,38
5.	Philip Milanov	BEL	63,15
6.	Daniel Jasinski	GER	61,31
7.	Vikas Gowda	IND	60,63
8.	Jason Morgan	JAM	60,10

Frauen

100 Meter (+0,6)

1.	Candyce McGrone	USA	11,11
2.	Marie Josée Ta Lou	CIV	11,21
3.	Barbara Pierre	USA	11,31
4.	Jeneba Tarmoh	USA	11,35
5.	Verena Sailer	GER	11,37
6.	Desiree Henry	GBR	11,39
7.	Gina Lückenkemper	GER	11,48
8.	Mujinga Kambundji	SUI	11,66

800 Meter

1.	Lynsey Sharp	GBR	1:57,71
2.	Fabienne Kohlmann	GER	1:58,34
3.	Maryna Arzamasova	BLR	1:58,88
4.	Chanelle Price	USA	1:59,99
5.	Shannon Rowbury	USA	2:00,03
6.	Christina Hering	GER	2:00,04
7.	Joanna Józwik	POL	2:00,27
8.	Caster Semenya	RSA	2:00,51

100 Meter Hürden (+1,5)

1.	Dawn Harper Nelson	USA	12,82
2.	Sharika Nelvis	USA	12,84
3.	Tiffany Porter	GBR	12,92
4.	Cindy Roleder	GER	12,95
5.	Kierre Beckles	BAR	13,02
6.	Lolo Jones	USA	13,14
7.	Ginnie Crawford	USA	13,42
8.	Linda Züblin	SUI	13,77

2000 Meter Hindernis

1.	Virginia Nyambura	KEN	6:02,16
2.	Beatrice Chepkoech	KEN	6:02,47
3.	Gesa Felicitas Krause	GER	6:04,20
4.	Magdalene Masai	KEN	6:10,82
5.	Tigist Mekonen	BRN	6:14,34
6.	Birtukan Fente	ETH	6:16,25
7.	Genevieve LaCaze	AUS	6:16,86
8.	Ann Gathoni	KEN	6:18,12
10.	Sanaa Koubaa	GER	6:28,49

Weitsprung

1.	Ivana Španovic	SRB	6,60
2.	Christabel Nettey	CAN	6,45
3.	Sosthene T. Moguenara	GER	6,40
4.	Lena Malkus	GER	6,37
5.	Alexandra Wester	GER	6,36
6.	Alina Rotaru	ROU	6,31
7.	Melanie Bauschke	GER	6,27
8.	Lorraine Ugen	GBR	6,23

Kugelstoßen

1.	Christina Schwanitz	GER	19,66
2.	Michelle Carter	USA	19,19
3.	Tia Brooks	USA	18,31
4.	Paulina Guba	POL	17,95
5.	Natalia Ducó	CHI	17,44
6.	Melissa Boekelman	NED	17,30
7.	Lena Urbaniak	GER	16,74
8.	Shanice Craft	GER	16,30

Hammerwurf

1.	Kathrin Klaas	GER	72,09
2.	Amber Campbell	USA	70,94
3.	Alena Sobaleva	BLR	67,12
4.	Joanna Fiodorow	POL	67,11
5.	Mariya Bespalova	RUS	66,23
6.	Carolin Paesler	GER	65,25
7.	Charlene Woitha	GER	65,14
8.	Éva Orbán	HUN	65,02

Speerwurf

1.	Margaryta Dorozhon	ISR	63,24
2.	Katharina Molitor	GER	61,19
3.	Lina Muze	LAT	59,93
4.	Madara Palameika	LAT	59,71
5.	Christin Hussong	GER	59,48
6.	Linda Stahl	GER	59,03
7.	Christina Obergföll	GER	58,83
8.	Hanna Hatsko-Fedusova	UKR	57,65

Berlin fliegt! (5.9.2015)

Gesamtergebnis

1.	Deutschland	GER	36,5 Punkte
2.	USA	USA	28 Punkte
3.	Russland	RUS	23 Punkte
4.	Frankreich	FRA	18,5 Punkte

Stabhochsprung Männer

Tobias Scherbarth	GER	11,5 Punkte
5,40 | X (5,42) | 5,44 | 5,55		
Leonid Kovalev	RUS	7 Punkte
5,20 | 5,35 | X (5,43) | 5,45		
Kévin Menaldo	FRA	6,5 Punkte
5,32 | X (5,43) | 5,44 | X (5,49)		
Mark Hollis	USA	4 Punkte
X (5,36) | 5,37 | X (5,51) | X (5,51)		

Weitsprung Männer

Fabian Heinle	GER	15 Punkte
7,75 | 7,83 | 7,99 | 7,85		
Marquis Dendy	USA	12 Punkte
7,66 | 7,77 | 7,65 | 8,31		
Aleksandr Petrov	RUS	6 Punkte
7,51 | 7,26 | 7,74 | X		
Kafétien Gomis	FRA	4 Punkte
7,22 | 7,30 | 7,34 | X		

Weitsprung Frauen

Janay De Loach	USA	12 Punkte
5,85 | 6,22 | 6,45 | 6,09		
Lena Malkus	GER	10 Punkte
6,31 | 6,21 | 6,26 | X		
Yelena Mashinistova	RUS	9 Punkte
5,88 | 6,06 | 6,07 | 6,27		
Diane Barras	FRA	8 Punkte
6,01 | 5,88 | 6,19 | 5,74		

Berlin-Marathon (27.9.2015)

Männer

1.	Eliud Kipchoge	KEN	2:04:00
2.	Eliud Kiptanui	KEN	2:04:51
3.	Feyisa Lilesa	ETH	2:06:57
4.	Emmanuel Mutai	KEN	2:07:46
5.	Geoffrey Mutai	KEN	2:09:29
6.	Reid Coolseat	CAN	2:10:28
7.	Koen Naert	BEL	2:10:31
8.	Yared Shegumo	POL	2:10:47
16.	Philipp Pflieger	GER	2:12:50
19.	Julian Flügel	GER	2:13:57

Frauen

1.	Gladys Cherono	KEN	2:19:25
2.	Aberu Kebede	ETH	2:20:48
3.	Meseret Hailu	ETH	2:24:33
4.	Tadelech Bekele	ETH	2:25:01
5.	Andrea Deelstra	NED	2:26:46
6.	Maja Neuenschwander	SUI	2:26:49
7.	Lisa Nemec	CRO	2:27:57
8.	Tomomi Tanaka	JPN	2:28:00
13.	Anna Hahner	GER	2:30:19

IMPRESSUM

Herausgeber
Deutscher Leichtathletik-Verband
Alsfelder Straße 27
64289 Darmstadt
www.leichtathletik.de

Verlag
CNG sports & media GmbH
Vogelsanger Straße 187
50825 Köln
www.leichtathletik-buch.de

Redaktion
Anja Herrlitz, Christian Ermert

Fotos
dpa Picture-Alliance, Gladys Chai von der Laage, Daniel Torz, Karlsruhe Event GmbH

Texte
dpa Deutsche Presse-Agentur, Martin Neumann, Christian Fuchs, Jan-Henner Reitze

Grafik & Layout
Sabrina Schultz

Druck
Ernst Kabel Druck GmbH
Holstenkamp 42
22525 Hamburg

ISBN 978-3-9813838-6-7